AF399715

Autodestruction

*La **vie** et la **mort** sont au **pouvoir** de la **langue***

Joël Mveing

© 2024 Joël Mveing
Édition : BoD • Books on Demand GmbH, In de Tarpen 42, 22848 Norderstedt (Allemagne)
Impression : Libri Plureos GmbH, Friedensallee 273, 22763 Hamburg (Allemagne)
ISBN : 978-2-3225-2134-0
Dépôt légal : Juillet 2024

Sauf mention contraire, les citations bibliques utilisées dans le présent ouvrage sont extraites de la version Louis Segond 1910.

Graphisme couverture : Claudine Mveing

Sommaire

Remerciements

Mes remerciements et ma gratitude vont en premier lieu à la personne la plus importante de ma vie sur cette terre, celui qui guide mes pas chaque jour et qui m'a révélé le contenu de ce livre : Le Saint-Esprit qui a ressuscité Christ des morts. Je souhaiterais également dire merci à mon premier amour, celui qui m'a aimé depuis la fondation du monde, le créateur de l'univers tout entier, Dieu le Père.

À mon excellente épouse Claudia, je voudrais te dire merci pour ta tendresse, tes soins et ta présence constante à mes côtés qui ont contribué à faire de moi l'homme épanoui que je suis aujourd'hui. Je suis immensément reconnaissant envers le Seigneur pour cette grâce qu'il m'a accordée en te plaçant dans ma vie.

J'exprime ma gratitude à ceux qui de près ou de loin ont participé à la rédaction de ce livre.

Je dédicace ce livre à mon oncle Delta qui a transparu les signes d'autodestruction dans les derniers jours de sa vie sur cette terre.

Et à tous ceux qui souffrent d'une manière ou d'une autre de toute forme d'autodestruction. Que le Seigneur manifeste son amour et sa puissance dans vos vies pour vous apporter guérison, paix, force et délivrance. Gardez foi et confiance en lui et il vous libérera de toutes les chaînes qui vous retiennent prisonnier.

Avant-Propos

ourquoi ai-je écrit ce livre ? Pour une raison simple : l'autodestruction est un terme souvent utilisé dans notre génération. Nous traversons une époque où la dévastation est omniprésente dans toutes les sphères de notre société, en particulier dans la vie de chaque individu. Le manque de connaissances entraîne à coup sûr une destruction massive de la population. Cet ouvrage est le résultat des dommages que j'ai personnellement expérimentés et que j'ai également observés autour de moi sous différentes formes.

Durant mon enfance, j'ai passé mes vacances d'été dans le village de ma mère avec un oncle que j'aimais beaucoup et qui était en bonne santé. Cependant, quelques années plus tard, comme par magie, il a commencé à manifester des signes d'autodestruction : il tombait par terre tout en convulsant, et des traces de lacérations apparaissaient sur son dos comme s'il recevait des coups de fouet. Incapable d'agir pour l'aider, nous l'observions en attendant que ça s'arrête. Malheureusement, aujourd'hui, cet oncle est reparti vers le Seigneur. Ayant été témoin de cet épisode traumatisant de l'histoire, j'ai été profondément marqué. Après avoir fait la rencontre de Jésus-Christ, j'ai découvert qu'il y avait une solution à ce type de problème. C'est la raison pour laquelle j'aimerais détailler dans ce bouquin certaines clés avec ceux qui en souffrent.

Aujourd'hui, j'ai tiré des leçons de mes erreurs et du récit avec mon oncle. Les réponses partagées dans ce livre offrent une alternative pour ceux qui veulent éviter l'autodestruction de manière volontaire ou inconsciente, mais cela requiert votre coopération. Les solutions fournies vous aideront à comprendre comment les êtres humains peuvent se détruire, à dessein ou inconsciemment. Il est important de garder en tête que nos actions entraînent des conséquences énormes, qu'elles soient délibérées ou non.

Lorsqu'on observe nos différentes sociétés, on remarque une forte évolution de toutes sortes de dépendances, telles que les drogues, le tabac et surtout, une emprise de notre propre bouche. Cette dépendance abusive concerne en particulier l'usage de nos mots. Cette situation soulève des questions : pourquoi les êtres humains sont-ils souvent opprimés dans leur vie quotidienne ? Est-ce volontaire ? S'agit-il de l'œuvre d'une entité sombre cachée ? Voici un élément de réponse :

Le véritable problème des êtres humains n'est pas leur bouche ou l'alcool, mais il réside principalement dans la façon d'utiliser toutes ces choses. De plus, il existe un ennemi invisible et dissimulé qui inflige des souffrances aux êtres humains, comme cela a été le cas avec mon oncle.

Afin de mieux comprendre ce qu'est l'autodestruction, il est primordial de changer d'orientation et de rechercher son origine. Étant donné les différentes manières d'approcher cette notion, il me semble essentiel de distinguer deux significations. Premièrement, l'autodestruction physique, qui vise à ruiner le corps par l'automutilation, l'ivrognerie, la toxicomanie, et deuxièmement, celle qui passe par les paroles, qui peuvent endommager l'homme intérieur.

Le massacre issu des propos que nous prononçons est souvent sous-estimé par certains individus. Cependant, il peut causer un échec et une perte de confiance en soi. Elle contribue à la destruction de la personnalité, affectant fréquemment l'âme. Bien que la détérioration linguistique ne soit pas placée au même niveau que l'anéantissement physiologique, il est néanmoins important de comprendre que la parole est créatrice.

C'est bien pour cette raison que les entreprises engagent des coachs de motivation. Il est vrai que ces derniers n'apportent rien de tangible ni de physique aux employés. En revanche, grâce à la motivation prodiguée, les salariés reprennent confiance en eux, développent leur personnalité et révèlent leur potentiel. Cela entraîne ainsi une plus-value considérable à la croissance de la compagnie.

Il arrive souvent que nous menions des batailles sans pour autant nous poser les bonnes questions au préalable.

Ce sujet n'a pas pour but de prétendre détenir une connaissance absolue sur l'autodestruction ou de répondre à des problématiques qui ne peuvent pas être résolues. Au contraire, il vise à éveiller une prise de conscience envers ce qui peut déclencher l'autodestruction et à partager le fardeau que Dieu a placé dans mon cœur.

Contribuer à épauler ceux qui en ont besoin en mettant le point sur le fait que l'ennemi invisible peut être à la source de nombreux soucis est un objectif crucial. Parfois, les souffrances et les oppressions peuvent provenir de nous-mêmes, notamment à travers la loi d'attraction liée à nos paroles. Pour trouver les bonnes réponses, il est important de se poser des questions justes et de s'ajuster en conséquence. Cela peut nous aider à découvrir l'origine de nos préoccupations afin de pouvoir l'éradiquer complètement et ainsi mettre fin aux éléments qui perturbent, détruisent ou maintiennent notre vie en captivité.

Chapitre 1

La destruction par les paroles vaines

Lorsque les hommes et les femmes se retrouveront devant le tribunal céleste, non seulement ils devront donner des explications sur leur œuvre sur la terre, mais ils rendront compte également de toute parole futile qu'ils auront déblatérée. La bible déclare dans Mathieu 12 : 36-37.

*« Je vous le dis : au jour du jugement, les hommes rendront compte de toute **parole vaine** qu'ils auront proférée. Car par tes paroles tu seras justifié, et par tes paroles tu seras condamné. ».*

En grec, le terme **« *mataios* »,** traduit par l'expression *« vain »* signifie : dépourvu de but ou infructueux. Cela implique qu'il n'y a pas de fondement solide ou raisonnable dans ce qui est inutile.

En effet, le mot *« parole »* a plusieurs sens, mais intéressons-nous ici à l'origine grecque. Plus particulièrement, la notion de « rhema » qui définit la parole au même degré qu'une déclaration de l'esprit exprimée en mots. Autrement dit, une parole révélée selon Luc 3 : 2.

D'un autre côté, le grec **« *logos* »** quant à lui est en général défini comme une doctrine ou un enseignement, cela est spécifiquement mentionné dans Matthieu 13 : 23.

Il est vrai que le terme « parole » en hébreu, qui est *« saphah »,* est souvent utilisé pour décrire une partie du corps, comme la langue ou la lèvre. Cette signification rappelle qu'elle est une expression émise par une fraction de notre corps.

Les mots dépourvus de buts, qui ne sont pas fondés sur des choses raisonnables et solides, peuvent conduire à la destruction. La Bible met justement en garde contre ce type de langage. Il est donc important de se questionner sur la mission que nos déclarations doivent remplir. Est-ce qu'elles vont contribuer à la dégradation d'un destin, ou au contraire apporter de la joie à une vie ? Cette interrogation est cruciale pour nous afin d'éviter de propager des propos dévastateurs qui risquent de causer du tort à autrui.

La parole peut être infructueuse. Autrement dit, elle ne produit aucun résultat, ni pour vous ni pour vos proches. C'est comme un manguier sans fruits qui ne suscitera pas d'intérêt chez autrui. De la même manière, un homme qui a des déclarations qui ne portent pas de fruits peut ressentir un certain silence ou un sentiment de désert autour de lui. Il est alors important de se poser des questions sur l'utilisation de la bouche, pour éviter d'avancer à vide et pour apporter quelque chose de constructif à notre environnement.

En effet, lorsqu'une personne est appelée à témoigner dans un tribunal, elle doit jurer de dire la vérité et rien que la vérité, car ses paroles peuvent être déterminantes pour l'issue du procès. En fonction de ce qu'elle déclarera, l'accusé peut potentiellement être condamné ou au contraire acquitté. Par conséquent, il est fort que les témoins s'engagent à affirmer la vérité pour permettre une justice équitable et impartiale.

Comme l'inculpé au tribunal, nous sommes responsables de ce

que nous disons, et nos affirmations peuvent nous condamner ou nous justifier. En ce sens, il est important d'être conscient de l'impact de nos mots et de faire attention à ce que nous déclarons. C'est d'ailleurs ce qui a inspiré Jean-Paul Sartre, lorsqu'il disait :

« Chaque parole a une conséquence, chaque silence aussi ».

Certainement, que nous parlions ou que nous nous taisions, nos actes et nos paroles entraîneront des conséquences. C'est pourquoi il est important de faire le bon choix, celui qui nous permettra de contribuer positivement à notre environnement et de laisser une empreinte bénéfique.

La parole est une arme spirituelle

L'apôtre Paul considérait la parole comme une arme spirituelle puissante. Il parlait de prendre l'épée de l'Esprit, afin de pouvoir résister aux offensives du mal dans les temps difficiles (Éphésiens 6 : 17). L'exploiter, c'est non seulement se protéger des attaques de l'ennemi, mais c'est aussi être en mesure de défendre sa famille et de donner la vie autour de soi. La parole de Dieu a le pouvoir de changer les destinées et de les amener vers la voie de la vérité et de la justice. C'est pourquoi il est important de l'utiliser comme une arme pour combattre les forces du mal et apporter la paix et la grâce dans notre voisinage.

Selon la Bible, la parole de Dieu a joué un rôle fondamental dans la création du monde. Tout a été formé par elle et pour elle. Rien de ce qui a été réalisé n'a été possible sans elle. Elle a permis à Dieu de faire exister ce qui n'existait pas. La puissance de la parole de Dieu est donc essentielle et peut nous conduire vers une vie meilleure en nous montrant la voie de la vérité et de la justice.

Dieu a en effet utilisé la parole pour créer toutes choses. Chaque jour, Il disait *« Que la lumière soit »*, *« Que les eaux soient rassemblées »* (Genèse 1 : 3-25). Rien de ce qui a été réalisé ne l'a été sans cette parole. Donc, le pouvoir de la parole est indispensable. Elle peut nous amener vers la vérité et nous conduire vers une vie meilleure.

« Dieu dit : que la lumière soit ! Et la lumière fut. » (Genèse 1 : 3)

« Car il dit, et la chose arrive ; Il ordonne, et elle existe. » (Psaumes 33 : 9)

La parole a toujours été avec Dieu depuis le commencement. Elle est la vie et a le pouvoir de créer ou de détruire selon la manière dont elle est employée. En tant que créatures de Dieu, nous avons été créés à son image et à sa ressemblance, ce qui nous donne le pouvoir de la vie et de la mort dans nos paroles. Nous avons donc la responsabilité de constamment rechercher la vie et d'utiliser nos paroles pour bâtir, encourager, apporter la paix et la vie autour de nous.

Laissez-moi, vous raconter une petite histoire. En 2014, c'était un samedi matin, je me trouvais dans un marché. Ce jour-là, il y avait beaucoup de gens. En effet, dans ce marché, j'étais venu en tant que commerçant pour vendre des chaussures. Dans les marchés locaux, on se rend très tôt pour prendre des places au bord de la route afin d'avoir le plus de visibilité pour écouler ses produits. En effet, c'est ce que j'avais fait, car les espaces ne sont pas toujours assignés en avance.

Il s'avère que l'endroit que j'avais occupé appartenait déjà à une personne qui avait l'habitude de s'y rendre. Cette personne m'a causé des ennuis en me réclamant de partir de là. Nous avons fini par avoir une dispute. Sous l'effet de la colère, je lui ai dit, de manière hautaine et orgueilleuse, que « *si elle ne venait pas me demander pardon, son commerce ne marcherait plus* ». Puis, je me suis retiré de sa présence. Quelques jours plus tard, je suis retourné sur les lieux et j'ai demandé où était le commerçant. On m'a répondu qu'il n'exerçait plus son activité. Le résultat est probablement dû à ma déclaration. Je me suis alors rendu compte que j'avais utilisé injustement le pouvoir de la parole que Dieu avait mis dans ma bouche.

Il est vrai que certains pourraient penser que c'était une simple coïncidence, mais ce n'était pas le cas. Cette expérience a été pour moi une leçon importante : il ne faut jamais prendre des décisions lorsque l'on est en colère. Il est essentiel de toujours garder son sang-froid et d'être lucide avant d'adopter un quelconque verdict. En effet, la fureur peut nous amener à dire des choses que l'on regrettera plus tard. Dans mon cas, j'ai manié mon langage de manière injuste et méprisante, ce qui a entraîné des conséquences négatives sur le commerçant.

Prendre des décisions sous l'effet de la colère c'est prendre le risque de détruire une vie ou la vôtre.

Je partage cette histoire pour souligner l'importance de comprendre le pouvoir qui se cache derrière les mots que nous utilisons, en particulier la parole de Dieu.

La parole est créatrice ou destructrice

L'ingénieur polonais Korzybski affirmait ceci : *« Si les mots créent des choses, alors toute parole est créatrice ou destructrice »*.

Les mots ont le pouvoir de bâtir ou d'endommager l'existence. La citation souligne la pensée d'un concepteur qui avait compris cela et encourage les lecteurs à considérer l'essence créatrice des mots qu'ils utilisent. Il invite à choisir des paroles qui donnent la vie, plutôt que de se focaliser sur celles qui causent la dévastation, car les mots ont un réel impact sur l'environnement.

Si la parole peut apporter la vie ou la mort, alors veillez à ce que vos paroles soient créatrices au lieu de revêtir un aspect destructeur.

Trois types de paroles selon la bible

Jésus-Christ la parole vivante

« Au commencement était la parole, et la parole était avec Dieu, et la parole était Dieu. Elle était au commencement avec Dieu. » (Jean 1 : 1-2)

D'après Jean, *« La Parole »* désigne la parole essentielle de Dieu, Jésus Christ, qui est présenté comme ayant un rôle dans la création et le gouvernement de l'univers. La mention de *« La Parole »* évoque également Jésus-Christ, le fils de Dieu, qui est venu sur terre pour sauver l'humanité.

La Parole de Dieu : Ses écrits

Les Écritures, instructions, commandements et discours de Dieu constituent des préceptes moraux. Cela inclut également les prophéties données dans l'Ancien Testament par les prophètes. Par conséquent, ces préceptes peuvent être considérés comme scripturaires ou prophétiques.

La parole d'un homme

C'est le thème sur lequel se concentrera ce livre. Ici, nous allons esquisser les effets néfastes de l'utilisation abusive de la parole chez l'homme, dans le but de sensibiliser à cette réalité.

L'effet néfaste de la parole : La malédiction

« Leur bouche est pleine de malédiction et d'amertume. » (Romain 3 : 14)

J'ai pris le temps de décomposer le mot *« malédiction »* en syllabes, et voici ce que cela révèle : le préfixe *« mal »* est associé à la racine *« addiction »* ainsi que le verbe *« dire »*. Ce mot décrit clairement les effets néfastes qu'il peut avoir. Celui qui prend plaisir à maudire autrui est en réalité avide du mal. Il parle à tort des autres individus, de la même manière qu'un accro à la cocaïne ne peut se passer de sa drogue. En maudissant leur prochain, ces personnes sont en fait prisonnières de leur dépendance à la malédiction.

Pour simplifier, la malédiction peut être comparée à une chaîne solide qui paralyse l'existence des hommes et qui les soumet à la servitude. Elle détruit les destins, met en péril les avenirs et compromet l'épanouissement personnel. En d'autres termes, le mot malédiction est synonyme d'esclavage.

Une parole de malédiction est une phrase prononcée de manière cohérente ou non, dans le but de bloquer un individu dans sa réussite, que ce soit au niveau financier, relationnel, familial, spirituel, professionnel, etc.

Les épreuves que nous rencontrons dans la vie peuvent être comparées à des arbres qui ont des racines pour se maintenir. Souvent, ces difficultés ont des fondements liés à des malédictions ancestrales, à des péchés passés ou à des attaques sataniques telles que la magie, la sorcellerie, l'enchantement, la divination. Ces soucis peuvent ainsi prendre racine des paroles malveillantes déclarées par des individus.

Il nous arrive d'oublier que les ennuis proviennent parfois des paroles d'imprécation prononcées sur nous-mêmes ou sur autrui. Il faut s'attaquer à l'origine du problème pour l'éliminer, afin de l'empêcher de continuer à se manifester. Il n'est pas possible de tromper Dieu, car ce que nous sèmerons, nous le récolterons.

Le pouvoir de la langue

« La mort et la vie sont au pouvoir de la langue ; quiconque l'aime en mangera les fruits. » (Proverbes 18 : 21)

Selon les Écritures bibliques, la parole est le pouvoir de la langue. Aimer l'autorité de nos paroles, c'est les prendre en considération dans n'importe quelle situation. Nous devons être vigilants quant à ce que nous laissons sortir de notre bouche. Tout comme nous prenons soin de notre bouche et de nos dents en les brossant chaque matin et chaque soir, nous devons être attentifs à nos paroles. En entretenant notre langage, nous pouvons récolter les fruits de la bénédiction et ainsi goûter au bonheur.

Les paroles émises par la bouche ont le pouvoir de bénir et de construire ou au contraire de maudire et de détruire. Dans les Écritures, Jésus s'est adressé à un figuier en disant :

« ... que jamais personne ne mange plus de ton fruit ! ... et ses disciples l'entendirent. » (*Marc 11* : 14)

Le jour suivant, l'arbre était complètement desséché jusqu'aux racines. Dans une autre occasion, après le décès de son cher ami Lazare, Jésus a prononcé ces paroles :

« Ayant dit cela, il cria d'une voix forte : Lazare, sors ! » (Jean 11 : 43)

Jésus a ressuscité un homme qui avait expiré depuis quatre jours, en état de putréfaction, en utilisant le pouvoir de la parole. De la même manière, nous possédons également l'habileté de donner la vie ou la mort par notre propre langue. Chaque fois que nous parlons, nous avons la capacité de bénir et de construire, ou au contraire de maudire et de détruire.

Par exemple, imaginons qu'une mère passe tout son temps à répéter à son fils qu'il est bête, idiot, délinquant, sans valeur et qu'il ne sera jamais rien dans la vie. Cette femme ne pourra jamais être heureuse, car son enfant deviendra le résultat de ses propos négatifs. Elle récoltera ce qu'elle a semé, parce que son garçon produira les fruits de ces paroles malveillantes.

Comment ces paroles déclarées sur l'enfant peuvent-elles devenir réelles ? Chaque fois qu'une parole est prononcée sur une personne, elle crée une image mentale dans son esprit. Cette image fonctionne de manière similaire à une scène authentique qui est reproduite par le cerveau. Autrement dit, lorsque la mère dit à son fils qu'il ne réussira jamais, l'enfant visualise l'échec et son cerveau reconstitue ces représentations. Par conséquent, il finit par échouer. Pour les parents qui souhaitent que leurs enfants soient des modèles, il est important de prononcer des mots positifs sur leur vie et surtout de déclarer la parole de Dieu dans leur histoire.

Votre langue est un feu

Comme nous l'avons vu précédemment, le feu peut à la fois être bénéfique et destructeur, car il peut consumer une existence. Dans certains cas, il peut être utile pour la cuisson des aliments, alors que dans le cas des incendies, il peut être désastreux.

*« La **langue** aussi est un **feu** ; c'est le monde de l'iniquité. La langue est placée parmi nos membres, souillant tout le corps, et enflammant le cours de la vie, étant elle-même enflammée par la géhenne. »* (Jacques 3 : 6)

Comme le souligne l'apôtre Jacques, la langue a le pouvoir de brûler et de détruire des vies entières, causant ainsi la désolation. Elle fait partie des organes de notre corps et a le potentiel de maculer tout notre être, ainsi que d'embraser notre existence. L'être humain est capable de dompter toutes sortes d'animaux sauvages, d'oiseaux, de reptiles et de biomasse marine, mais elle demeure difficile à contrôler. En tant que propriétaires de ce membre, nous avons la faculté de bénir ou de maudire les autres par nos paroles.

« ...... La source fait-elle jaillir par la même ouverture l'eau douce et l'eau amère ? Un figuier, mes frères, peut-il produire des olives, ou une vigne des figues ? De l'eau salée ne peut pas non plus produire de l'eau douce... » (Jacques 3 : 6-12)

Dans la même logique, pourrions-nous nous attendre à ce qu'un cerisier donne des avocats ? Absolument pas. En conséquence, maudire autrui peut également détruire votre existence. Si vous continuez dans cette réflexion, vous découvrirez comment condamner les autres peut avoir un impact négatif sur votre propre vie.

Maudire les autres impacte votre propre vie

Comme un agriculteur, on récolte ce qu'on sème.

« Il monta de là à Béthel ; et comme il cheminait à la montée, des petits garçons sortirent de la ville, et se moquèrent de lui. Ils lui disaient : Monte, chauve ! Monte, chauve ! Il se retourna pour les regarder, et il les maudit au nom de l'Éternel. Alors deux ours sortirent de la forêt, et déchirèrent quarante-deux de ces enfants. » (2 Rois 2 : 23-24)

Diminuer, maudire, mépriser, blasphémer, s'appesantir, humilier, secouer, alléger ou encore aiguiser sont autant d'expressions qui caractérisent la malédiction. Cela témoigne à quel point cette pratique traite souvent des situations graves, dans lesquelles l'opprobre est jeté sur les personnes visées. Il est important de ne pas prendre cela à la légère et de bien réfléchir aux conséquences de tels agissements.

Dans ce passage biblique, un prophète, sous l'emprise de la colère, a maudit quarante-deux enfants qui se moquaient de lui, entraînant leur mort par l'attaque d'ours. Ce dénouement tragique montre clairement que les paroles que nous prononçons ont la prérogative de détruire les autres, et peuvent ultérieurement avoir des répercussions négatives sur notre propre vie. On pourrait alors se demander comment condamner nos semblables peut impacter notre existence si cela n'a pas été le cas pour le prophète. Toutefois, il est important de poursuivre la réflexion pour comprendre en quoi les déclarations néfastes proférées sur autrui peuvent à long terme causer des dommages considérables.

Lorsqu'elles sont affirmées délibérément ou inconsciemment, les paroles malveillantes possèdent le pouvoir de générer des malédictions. Ainsi, la parole agit, que son détenteur en soit conscient ou non. C'est pourquoi il est essentiel d'apprendre à discipliner notre langue pour éviter d'occasionner de la souffrance chez autrui, sachant que nous-mêmes ne souhaiterions pas être blessés de la sorte. Il faut prendre exemple sur le prophète Élisée, qui, dans un moment de colère, a condamné ces enfants, conduisant à leur mort.

Permettez-moi de vous présenter ceci : lorsque nous parlons négativement des autres, nous les maudissons sans même nous en rendre compte. Pourtant, il nous a été ordonné de les bénir :

« Bénissez ceux qui vous persécutent, bénissez et ne maudissez pas. » (Romain 12 : 14)

Et dans l'épître aux Éphésiens, il est écrit :

« Qu'il ne sorte de votre bouche aucune parole mauvaise, mais, s'il y a lieu, quelque bonne parole, qui serve à l'édification et communique une grâce à ceux qui l'entendent. » (Éphésiens 4 : 9)

Par conséquent, le fait de maudire les autres nous place en position de rébellion contre la pensée de Dieu. En désobéissant aux instructions divines, nous pouvons par voie de conséquence être exposés aux imprécations.

*« **Maudit** soit celui qui n'accomplit point les paroles de cette loi, et qui ne les met point en pratique ! — Et tout le peuple dira : amen ! »* (Deutéronome 27 : 26)

D'autre part, il ne faut pas rétorquer à la malédiction par la malédiction, car le Christ enseigne ceci :

*« Mais moi je vous dis, aimez vos ennemis, **bénissez** ceux qui vous maudissent, faites du bien à ceux qui vous haïssent, et priez pour ceux qui vous maltraitent et vous persécutent. »* (Mathieu 5 : 44)

Je vais clarifier cela : si quelqu'un te traite d'imbécile, tu ne devrais pas lui répondre avec des insultes similaires. La réplique appropriée est la suivante :

Je suis une nouvelle créature, je suis une race élue, j'irai de gloire en gloire et de succès en succès, que Dieu te bénisse.

De la même façon, Albert Camus affirmait ceci : *« La vie est courte et c'est pécher, de perdre son temps. Je suis actif »*.

Nous avons peut-être appris, en raison des difficultés de la vie, qu'il faut rendre coup pour coup. Néanmoins, Jésus nous enseigne plutôt à faire du bien à ceux qui nous haïssent.

Prenons un exemple concret, celui d'un couple. Lorsque l'époux et l'épouse se dévalorisent, se condamnent et se critiquent au lieu de s'aimer et de s'honorer, chacun peut penser que c'est l'autre qui est blessé ou qui a tort. Cependant, la Bible nous montre que :

*« Et les deux deviendront une **seule chaire**. Ainsi ils ne sont plus deux, mais ils sont une seule chair. »* (Marc 10 : 8)

Mari, si vous insultez, méprisez, frappez ou dénigrez votre conjointe, vous vous détruisez vous-même, de même pour les femmes. Le fait qu'une compagne ne respecte pas son époux peut non seulement dévaster sa vie, mais aussi son foyer. La soumission est absolue et l'obéissance relative. Tout cela peut fragiliser le lien de l'union et ouvrir une porte au diable pour notre propre échec, tout en déshonorant cette institution divine qu'est le mariage.

Les personnes qui mettent en pratique les principes du royaume peuvent voir leur quotidien s'améliorer. Elles ont compris qu'ouvrir la bouche pour maudire leur prochain, que ce soit les individus qu'elles côtoient ou pas, peut bloquer leur existence dans différents domaines tels que les affaires, la vie de famille et le travail.

De nos jours, nous sommes tous conscients que damner les autres ne sera jamais un moyen pour soulager la douleur que nous ressentons à cause des mauvaises actions. Au contraire, une solution idéale consiste à bénir toutes les personnes que nous avons auparavant condamnées. Si votre belle-famille ne vous apprécie pas, bénissez-les. Si vos collègues ne vous aiment pas, montrez-leur de l'amour et prouvez-leur que vous êtes un enfant du royaume excellent et diligent dans votre travail.

Le fait que vous soyez conscient des effets positifs et négatifs que les mots peuvent avoir dans une vie témoigne que vous comprenez l'importance de la parole. Dans la hiérarchisation, c'est celui qui est en statut de force qui doit défendre les faibles. C'est ce que vous faites en prononçant des déclarations constructives pour ces personnes. Vous êtes en position de force spirituelle.

Une des raisons pour lesquelles les êtres humains peuvent se détruire, c'est parce qu'ils ont maudit leur existence, peut-être sans même s'en rendre compte.

Dans la hiérarchie, c'est celui qui est en condition de force qui doit protéger les faibles. C'est ce que vous faites en prononçant des paroles positives pour ces personnes. Vous êtes en position de force spirituelle. Donc vous détenez toute l'autorité.

Maudire sa vie est un signe d'ignorance

« ... Mais ce qui sort de la bouche vient du cœur, et c'est ce qui souille l'homme. Car c'est du cœur que viennent les mauvaises pensées, les meurtres, les adultères, les impudicités, les vols, les faux témoignages, les calomnies. Voilà les choses qui souillent l'homme... » (Mathieu 15 : 17-20)

Jésus explique clairement que c'est ce qui émerge de notre bouche qui peut nous mener à la destruction, autrement dit, c'est ce qui peut nous polluer. Bien évidemment, cela n'exclut pas l'importance d'une bonne alimentation. La sensation de joie et de supériorité que l'on peut éprouver en maudissant une personne peut être un piège pour notre âme. Nous pouvons être emprisonnés par les mots que nous avons proférés, comme le dit Salomon dans le livre des Proverbes.

« Si tu es enlacé par les paroles de ta bouche, si tu es pris par les paroles de ta bouche... » (Proverbes 6 : 2)

Prenons le temps d'examiner attentivement ce passage. Être enlacé par la parole peut être comparé à être ligoté par une corde. La ficelle en question n'est rien d'autre que les mots joints que vous avez prononcés. Les discours que vous avez eus peuvent paralyser votre existence. Celui qui est attaché ne peut plus agir tant que la sangle n'est pas coupée, il est neutralisé.

Samson ne pouvait rien faire, car il était entremêlé par une courroie. C'est néanmoins une fois que le feu a brûlé cette lanière qu'il a été libéré.

*« Ils lui répondirent : non ; nous voulons seulement te lier et te livrer entre leurs mains, mais nous ne te ferons pas mourir. Et ils le lièrent avec deux cordes neuves, et le firent sortir du rocher. Lorsqu'il arriva à Léchi, les Philistins poussèrent des cris à sa rencontre. Alors l'esprit de l'Éternel le saisit. Les cordes qu'il avait aux bras devinrent comme du **lin brûlé par le feu**, et ses **liens** tombèrent de ses mains. »* (Juges 15 : 13-14)

Tous les êtres humains se mettent souvent eux-mêmes dans cette prison, qu'ils soient chrétiens ou non.

Observez un poisson pris dans un filet — comment réagit-il ? Il se débat pour essayer de s'échapper de la nasse, mais sans réussite. De la même manière, une personne qui est nouée par ses paroles se bat pour se défaire de différentes choses telles que la pauvreté, la maladie, l'échec ou la dépression, mais reste sans succès. Pourquoi ? Tout simplement parce que nous sommes incapables de nous délivrer de la nasse dans laquelle nous sommes enlacés. Toutefois, rassurez-vous, Dieu vous donne la capacité de vous libérer grâce au Saint-Esprit.

Un exemple scriptural qui illustre les malédictions prononcées est celui de la condamnation de Jésus.

Jésus avait été présenté devant Pilate, incité par les souverains sacrificateurs et les anciens. Les Juifs réclamaient sa crucifixion.

« Pilate, voyant qu'il ne gagnait rien et que le tumulte, le bruit augmentait, prit de l'eau, se lavant les mains en présence de la foule dit : je suis innocent du sang de ce juste. Cela vous regarde. Et tout

le peuple répondit : que son sang retombe sur nous et nos enfants ! » (Mathieu 27 : 24-25)

Certaines populations ont été férocement persécutées sur la planète telles que les juifs, ainsi que les Africains et de nombreux autres peuples. L'antisémitisme a été farouchement présent tout au long de l'histoire. Durant la Seconde Guerre mondiale, six millions de Juifs ont été assassinés par Hitler.

Un pasteur américain nommé Franck Maé explique que lors de leur voyage ils ont visité deux camps de concentration : Auschwitz et Dachau. Et ils se tenaient dans ces chambres où ces juifs ont été brûlés aux gaz de cyanure par les Allemands. Quelle atrocité !

Souvenez-vous des déclarations de la foule dans le livre de Matthieu.

« Et tout le peuple répondit : que son sang retombe sur nous et sur nos enfants ! » (Mathieu 27 : 25)

De nombreux enfants de Dieu se questionnent sur leur existence et se demandent pourquoi ils n'expérimentent pas la victoire, la gloire, la richesse et la croissance avec Dieu. Malgré ce qui est rédigé dans les Écritures à propos d'un passage de gloire en gloire. La réalité est que certaines personnes attirent la condamnation et le jugement sur elles-mêmes par leur propre bouche. Par conséquent, il est important d'analyser notre vie et de briser toutes les paroles négatives affirmées par nos parents, qui peuvent avoir un impact sur notre histoire et sur celle de nos enfants.

Avant que je ne donne ma vie à Jésus, j'étais un expert dans l'autocondamnation. Je déclarais souvent ceci :

« Je me disais que je préférerais ne jamais être né plutôt que de naître dans ma famille, que personne ne m'aimait, que j'étais rempli de peur et de faiblesse, et que je ne pourrais jamais réussir. J'étais constamment dans un état d'esprit négatif et je me répétais ces choses ».

Tout cela créait des ondes négatives autour de moi, comme la théorie de l'attraction. En étant pessimiste et délétère, je semblais attirer le malheur tel un partenaire.

C'est néanmoins ce que j'ai vécu chaque jour. Même après ma conversion, ma vie spirituelle n'a pas pu progresser vu que ces paroles défavorables pesaient toujours sur moi. Elles m'empêchaient d'exprimer pleinement l'homme spirituel que j'étais censé être. Mais je veux vous encourager en déclarant ceci : lorsque j'ai rencontré Jésus et que les situations dans mon histoire ne changeaient pas, c'est parce que je ne priais pas correctement. Ce n'étaient pas des démons ou des sorciers qui me retenaient, mais plutôt mes propres propos. Le jour où j'ai pris conscience de mon identité en Christ, j'ai crié à Dieu et je lui ai dit :

« Seigneur, je regrette d'avoir prononcé toutes ces paroles destructrices sur cette belle création que tu as faite à ton image. S'il te plaît, pardonne-moi et brise ces chaînes qui m'attachent à ces paroles de malédiction. » C'est ainsi que je priais.

C'est alors que j'ai pu réagir face à l'adversité, comme Samson. La Bible nous enseigne sur la connaissance en disant : *« mon peuple périt parce qu'il lui manque la connaissance »* (Osée 4 : 6). De quelle connaissance parle le Seigneur ? De la vérité qui est Jésus Christ, son fils bien-aimé.

Je ne comprenais probablement pas l'importance de ces paroles, mais pour vous qui lisez ces lignes, le Saint-Esprit peut ouvrir votre compréhension, votre intelligence et votre cœur. Il peut déchirer le voile qui vous couvre grâce au sang versé à la croix. Depuis ce jour, j'ai été libéré des déclarations mauvaises et en même temps, ma clairvoyance a été renouvelée. Cela m'aide à comprendre que parfois nous sommes nous-mêmes un obstacle pour notre propre bonheur, notre joie, notre destinée et notre paix, juste à cause de nos paroles. Quelquefois, ce n'est pas intentionnel.

Voilà pourquoi, je t'invite à faire cette prière avec moi :

« Seigneur, pardonne-moi pour toutes les fois où j'ai prononcé des paroles négatives sur ma vie. Viens briser les chaînes et les cordes qui me maintiennent dans l'esclavage et la souffrance. Je déclare que je suis libre par le Saint-Esprit, car là où il y a l'Esprit de Dieu, il y a aussi la liberté. À partir d'aujourd'hui, que ma bouche soit un instrument de bénédiction et non de malédiction. Au nom de Jésus-Christ, amen. »

Chacun de nous devra rendre compte, le jour du jugement, de toutes les paroles stériles que nous avons affirmées.

« Je vous le dis : au jour du jugement, les hommes rendront compte de toute parole vaine qu'ils auront proférée. » (Mathieu 13 : 36)

Jésus nous montre l'ampleur et la gravité de mépriser, de dénigrer et de rabaisser une personne par des paroles inutiles que nous prononçons.

Chapitre 2

La destruction par les actes posés

L'autodestruction ne se limite pas seulement aux paroles, mais aussi aux actes posés, résultats d'une méditation préalable ?

L'automutilation et le péché sont des phénomènes récurrents dans notre société. Nous avons choisi délibérément de parler de ces phénomènes liés à l'autodestruction.

Il est clair que notre communauté n'arrive pas à trouver des solutions complètes à ces problèmes. C'est pourquoi le Saint-Esprit veut libérer certaines personnes de cette prison, pour ceux qui le désirent. En effet, seule la connaissance de la vérité peut nous affranchir de toute captivité. Les actes peuvent être posés consciemment ou inconsciemment. C'est pour cela que nous avons sélectionné deux thèmes principaux : l'automutilation et le péché.

Le mot « acte » vient du grec *« ergon »,* qui signifie « action posée ». Chaque action que nous faisons sur cette terre a des conséquences, car nous sommes des voyageurs de passage. Bien que certains essaient de l'ignorer, il s'agit d'une réalité indéniable. Nous devons donc nous interroger : sommes-nous à l'origine des actes que nous posons, ou sommes-nous influencés par une force étrangère ? Nous tenterons de répondre à ces questions dans les prochains textes. Ainsi, chacun en fonction de sa foi pourra discerner ce qui est bon et ce qui vient de Dieu. Si vous êtes arrivé jusqu'ici, cela signifie que vous cherchez des solutions à un problème.

L'automutilation : les blessures volontaires et involontaires

L'automutilation est la plupart du temps un acte posé de manière inconsciente. Cette maltraitance est infligée sur le corps, ou sur la chair, causant ainsi des dommages physiques et émotionnels considérables. Pour expérimenter totalement la liberté dont certains sont privés, il est nécessaire que l'être tout entier soit en bonne santé. Ici, nous examinons un cas particulier qui nous affecte et nous empêche de vivre pleinement le surnaturel en tant qu'êtres humains créés à l'image de Dieu et descendants d'Abraham grâce à Jésus-Christ.

Le corps est le véhicule de l'esprit et de l'âme. Quand ce véhicule est en panne, il ne peut y avoir ni déplacement ni progression. Par conséquent, il est crucial de le maintenir en bon état. L'automutilation est un problème majeur qui doit être traité, car elle est un genre de handicap usuel dans nos sociétés. Devant ce problème qui affecte les êtres humains, Dieu est attristé pour ses enfants.

L'automutilation est aussi un acte intentionnel visant à meurtrir son propre corps sans pour autant chercher à mettre fin à sa vie, selon la définition du dictionnaire. La pratique la plus courante est les coupures sur la peau. Cependant, il existe d'autres formes telles que : l'inflammation de cigarettes, se frapper la tête contre un mur et sur diverses surfaces, ou encore interférer avec la guérison des blessures en y mettant des objets, au point de risquer son avenir.

Des niveaux extrêmes d'autodestruction incluent l'amputation et l'autocastration. Mais pourquoi l'être humain s'inflige-t-il de pareilles souffrances ? Est-ce un choix délibéré, ou bien est-il contraint par une force extérieure ou intérieure ? Pourquoi l'homme se place-t-il souvent dans une position de douleur et de déchirement continue ?

Pourquoi se détruire par la mutilation ?

Les causes identifiées par les professionnels

La dépression

Cette maladie affecte la capacité de penser, la mémoire, le jugement et l'état d'esprit de la personne atteinte. Elle a un impact sur la façon de manger, de dormir et de se sentir en général. Les symptômes courants incluent des problèmes de sommeil, une perte d'estime de soi, des idées suicidaires, des hallucinations, etc. La médecine utilise une méthode de traitement largement connue sous le nom d'antidépresseurs pour soigner cette infirmité. Selon l'Organisation mondiale de la Santé, en 2019, 280 millions de personnes dans le monde étaient atteintes de dépression.

Le trouble optionnel compulsif (TOC)

Environ 3 % de la population souffre souvent de ce trouble, qui est causé par un dysfonctionnement du cerveau. Les personnes atteintes de cette anomalie pâtissent d'obsessions telles que la peur des microbes, le doute, la phobie de se blesser, des pensées récurrentes d'ordre sexuel, le classement ou encore la répétition incessante d'un mot, entre autres. Cependant, ces symptômes ne permettent pas de tirer immédiatement des conclusions sur l'état de santé d'un individu. La liste n'est pas exhaustive.

Les troubles bipolaires

Il s'agit d'un trouble de l'humeur caractérisé par des variations incontrôlables entre des épisodes de fluctuation du tempérament et des moments où l'humeur est normale. Selon les publications de l'OMS, en 2019, environ 40 millions de personnes souffraient de ce trouble. Je vous laisse imaginer combien de personnes souffrent à l'instant où vous lisez ce livre. Les symptômes courants incluent une irritabilité extrême, la culpabilité, le désespoir et les idées suicidaires. Dans grosso modo 15 % des cas, les individus atteints peuvent perdre contact avec la réalité et entendre des voix.

La schizophrénie

Ce trouble affecte environ une personne sur trois cents dans la population mondiale, soit à peu près 24 millions de personnes, selon l'OMS. Il s'agit d'une anomalie cérébrale qui impacte la capacité d'un individu à distinguer la réalité de son imagination, et peut entraîner des hallucinations et des délires. Les hommes impactés et les femmes atteintes de ce syndrome peuvent manquer de motivation, se couper des relations sociales, interpréter les événements de manière erronée, souffrir de folies et avoir des problèmes de concentration et de mémoire. Les médecins utilisent des médicaments psychotropes tels que les neuroleptiques ou antipsychotiques pour traiter ce trouble.

Le syndrome de Lesch-Nyhan

Il s'agit d'une maladie héréditaire qui se manifeste souvent par des comportements agressifs envers les proches et des attitudes d'automutilation, tels que des morsures aux lèvres ou aux doigts, ou se frapper la tête contre le mur.

Ces maladies mentionnées sont en effet réelles dans nos sociétés et nous reconnaissons les efforts des spécialistes et des organisations qui se battent pour lutter contre ces tares. Face à la quasi-inexistence de traitements efficaces, certaines personnes doivent malheureusement vivre avec leur infirmité.

La cause potentielle mise en avant par la bible

Possédé par les mauvais esprits

Être possédé signifie être habité ou contrôlé par une entité malveillante. Bien que cela puisse sembler improbable à certains, cela existe bel et bien. Les mauvais esprits, par exemple, peuvent causer des comportements involontaires et forcés chez certaines personnes. L'être humain est comme un véhicule, celui qui est le conducteur est celui qui gouverne. Dans le cas d'un être sous l'emprise d'une entité impure, c'est ce dernier qui est le chauffeur. Cette colonisation peut se manifester sous différentes formes, au même degré qu'être possédé par l'esprit de peur, de dépression, de maladie, etc.

En réalité, nous ne pouvons pas considérer des actes comme l'automutilation étant intentionnels, car les individus qui les commettent sont souvent contraints de le faire d'une manière ou d'une autre. L'illustration du démoniaque de Gadara qui se blessait avec des cailloux et dormait dans un tombeau est un exemple — il est évident que ces actions ne sont pas volontaires, mais bien le résultat de la possession. Cela peut être comparé aux symptômes du syndrome de Lesch-Nyhan. Même de nos jours, il existe des individus qui se mutilent constamment en raison de l'influence d'un esprit impur. C'est pourquoi il est écrit dans l'Évangile de Marc :

« Il était sans cesse, nuit et jour, dans les sépulcres et sur les montagnes, criant, et se meurtrissant avec des pierres. » (Marc 5 : 5)

Il est vrai que certains groupes de personnes peuvent considérer que les sujets qui sont exposés sont extrêmes, en fonction de leur culture ou de leurs entourages. Cependant, il s'agit d'une réalité dont l'amour de Dieu nous pousse à en parler. Ainsi, selon l'apôtre Pierre, *« ... les mêmes souffrances sont infligées à vos frères dans le monde »* (1 Pierre 5 : 9). Il existe des souffrances humaines concrètes, et l'appel à l'aide est bien présent dans nos sociétés.

Un jour, un homme amena son fils à Jésus et expliqua que celui-ci était possédé par un esprit qui le rendait mutique. Il rajouta que partout où l'esprit muet l'attrapait, il le propulsait par terre et l'enfant bavait, grinçait des dents et devenait rigide. Nous observons ici quelques symptômes du syndrome de Lesch. Quelquefois, cet esprit le jetait dans le feu et dans l'eau pour l'achever.

*« En quelque lieu qu'il le saisisse, il le **jette par terre** ; l'enfant **écume, grince des dents**, et devient tout **raide**. J'ai prié tes disciples de chasser l'esprit, et ils n'ont pas pu... et souvent l'esprit **l'a jeté dans le feu** et **dans l'eau** pour le faire périr. Mais, si tu peux quelque chose, viens à notre secours, aie compassion de nous. »* (Marc 9 : 18 et 22)

Lorsqu'on observe attentivement cet enfant atteint d'épilepsie, on comprend que l'esprit qui le possédait le conduisait à se détruire. Ce n'était pas une hallucination, mais le résultat d'un mauvais esprit qui l'avait pris en détention. La médecine peut résoudre les problèmes liés à la chair, mais elle est incapable de traiter certaines maladies dites spirituelles, notamment celles qui affectent l'âme.

Lorsqu'il s'agit de la dimension spirituelle, la médecine trouve ainsi ses limites. C'est la raison pour laquelle, pour dénicher des solutions à leur souci de santé, certaines personnes dans le monde ont recours au spiritisme, au magnétisme ou à d'autres sciences occultes.

En observant ces deux exemples, il est clair que l'origine de ces comportements autodestructeurs est influencée et causée par des esprits impurs qui cherchent à démolir l'existence des êtres humains. Ces esprits ont probablement trouvé un moyen d'entrer dans la vie de ces personnes, d'une manière ou d'une autre.

Le but est donc d'être capable de discerner si une maladie a une genèse physique ou spirituelle. Essayer de soigner un cas spirituel avec des médicaments ne traitera pas véritablement la complication, car cela reviendrait à régler les symptômes sans s'attaquer à la source du problème. C'est pourquoi il est important d'abattre l'arbre à sa racine pour éviter qu'il ne repousse. L'interrogation est la suivante : existe-t-il des réponses adaptées pour traiter les causes des comportements autodestructeurs ? Et la réponse est oui, il y a des solutions.

*Il faut **discerner** si une maladie est de la sphère de notre corps ou du domaine spirituel. Tenter de régler un problème spirituel par des médicaments ne résoudra pas la question.*

Quelles sont les possibilités de guérisons ?

Il est primordial de décrypter si l'infirmité a une origine physique ou spirituelle. Selon ce que nous avons pu déchiffrer, nous pouvons alors prendre les mesures adéquates et engager un processus de guérison, y compris en consultant des médecins. Toutefois, si la cause de la maladie est d'ordre spirituel ou psychique, il est important de rechercher des solutions adaptées auprès de professionnels du domaine concerné.

Chez les professionnels

Selon les professionnels, il est primordial de faire preuve de détermination et de suivre certaines étapes. Ces étapes peuvent inclure :

- Être conscient de cette tendance de l'autodestruction
- Reconnaitre le type d'autodestruction
- Reconnaitre le matériel utilisé pour se détruire
- Trouver une manière moins nocive de se faire du mal
- Trouver quelque chose à faire

Être discipliné et suivre des étapes peut s'avérer bénéfique, comme le souligne la citation tirée du livre de Job : *« À tes résolutions répondra le succès »* (Job 22 : 28). Cela signifie que si nous sommes déterminés et si nous prenons des résolutions positives pour régler nos problèmes, nous pourrons atteindre notre objectif et avoir du succès. En effet, se résoudre à faire quelque chose est le premier palier vers la réussite. Pour guérir, il est essentiel de le vouloir de tout son être et de décider d'engager un processus de guérison. On peut se rappeler l'histoire de la femme à la perte de sang qui, grâce à son désir de se rétablir, a obtenu son mieux-être. Ce témoignage démontre la portée de la ténacité et de la foi pour parvenir à la restauration.

En ce qui concerne les maladies mentales, les mécanismes de guérison peuvent différer. Pour soigner la tristesse et l'abattement, qui pourrait conduire à des comportements autodestructeurs, les docteurs peuvent prescrire des antidépresseurs. Cependant, il est important de noter que la prise de ces médicaments peut avoir des retombées. Ces conséquences peuvent inclure des effets secondaires indésirables, une dépendance et une difficulté à arrêter le soin. Il est donc primordial d'en discuter avec son médecin et de considérer toutes les options de thérapie disponibles avant de décider du traitement à suivre.

En conséquence, prendre des antidépresseurs peut entraîner une perte de réminiscence à court, moyen et long terme. Cette perte de mémoire peut avoir des impacts importants, car les souvenirs qui constituent notre identité sont essentiels pour chaque être humain. Chaque individu qui a la faculté de choix vous dira qu'il préfère garder sa mémoire. De plus, consommer des médicaments antidépressifs peut également causer des douleurs musculaires, des nausées, des sautes d'humeur, des maux de tête, ainsi que des troubles sexuels.

Dans la parole de Dieu

La connaissance de la vérité : Connaître son identité en Christ

« *Mon peuple est détruit parce qu'il lui manque la connaissance.* » (Osée4 : 6)

La connaissance de la vérité est un élément fondamental dans la vie des enfants de Dieu. En effet, la survie du peuple de Dieu dépend du niveau de compréhension qu'ils ont de leur identité et de leur Dieu. Pour réaliser des exploits et vivre dans la liberté de l'esprit, il est important de connaître Dieu à travers sa parole. Lorsque nous voyons les choses au travers du regard de Dieu, nous pouvons nous identifier correctement à lui. S'assimiler au Seigneur signifie reconnaitre que nous sommes nés de Dieu et pas seulement de chair. Nous sommes des êtres spirituels qui sont appelés à vivre en communion avec Dieu. C'est pourquoi la connaissance de Dieu et de notre conformité à lui est cruciale pour notre survie et notre épanouissement en tant qu'enfants de Dieu.

La connaissance que nous acquérons est une arme puissante pour anéantir les forteresses et les limites qui nous retiennent dans un état d'autodestruction sans fin. Le savoir profond de notre identité en Jésus-Christ nous accorde la capacité de briser les chaînes qui nous maintenaient captifs et nous donne la clé pour parvenir à la vie abondante que Dieu a prévue pour nous.

Au Ciel, il n'y a pas d'autodestruction, et par conséquent, dans notre existence, nous devons également refuser toute apparence de dévastation, quelle qu'elle soit. Nous ne sommes pas obligés de vivre dans un état d'autodestruction perpétuelle. En tant qu'enfants de Dieu, nous avons accès à un pouvoir divin qui peut nous aider à vaincre toutes les formes de dégradation qui se présentent devant nous. Nous devons exercer notre foi et notre confiance au Seigneur, afin qu'il puisse nous donner la force et le courage pour surmonter tous les obstacles qui se dressent sur notre chemin.

La connaissance est un élément fondamental dans la vie des enfants de Dieu. La survie du peuple de Dieu est déterminée par le niveau de connaissance qu'ils ont de leur identité et de leur Dieu.

« Vous connaîtrez la vérité et la vérité vous rendra libre. » (Jean 8 : 32)

Il est naturel de se poser la question de savoir ce qu'est la vérité.

D'après le dictionnaire Robert, la vérité est la réalité ou la conformité à la réalité. Cependant, selon les saintes Écritures, Jésus est la vérité (Jean 14 : 16) et Sa Parole est la vérité (Jacques 1:18). Souvent, la réalité ne reflète pas la vérité. Les circonstances que nous rencontrons et les tempêtes que nous vivons ne sont pas une image de la vérité. La vérité, c'est ce qui sort de la bouche de Dieu. En somme, la vérité est plus qu'une simple réalité, c'est l'expression de la volonté de Dieu pour notre vie.

Le manque de connaissances peut être dangereux. Mais c'est en comprenant la vérité plutôt que la réalité que nous pouvons être libérés. À titre d'exemple, un photographe a fait chanter une célébrité en prétendant posséder des photos compromettantes de cette dernière, alors que ce n'était pas vrai. La star a donc obéi aux demandes du photographe et a même payé. Cependant, lorsque la vérité a été révélée, la vedette a été libérée de ce chantage. Ce cas démontre que la liberté vient de la connaissance de la vérité et non seulement de la réalité.

Cette scène illustre comment le manque de connaissance peut captiver une personne dans l'ignorance. Tout comme la célébrité a été sous la manipulation du photographe pendant un certain temps, le manque de connaissances peut vous maintenir dans un état d'esclavage. Par conséquent, il est essentiel d'avoir connaissance de la vérité pour être libre et prospérer dans la vie. Je prie pour que le Dieu de la sagesse ouvre votre esprit afin que vous puissiez recevoir cette connaissance et être libéré.

La plupart du temps, la réalité ne reflète pas toujours la vérité. Car ce que vous croyez voir de vos yeux n'est qu'un mensonge reflété par un prisme brisé.

Chasser les mauvais esprits

« Voici les miracles qui accompagneront ceux qui auront cru : en mon nom, ils chasseront les démons ; ils parleront de nouvelles langues ; ils saisiront des serpents ; s'ils boivent quelque breuvage mortel, ils ne leur feront point de mal ; ils imposeront les mains aux malades, et les malades, seront guéris. » (Marc 16 : 17-18)

La solution la plus efficace pour être libéré est celle que Jésus apporte lorsqu'il entre dans votre vie. Une personne possédée par un mauvais esprit est rarement consciente de son état de possession. Elle ne reconnait pas les comportements autodestructeurs qui en résultent et ne sait souvent pas quoi faire, car son esprit est sous le contrôle, la domination et l'autorité d'un démon.

En raison de l'hégémonie de l'esprit rusé, un individu sous l'oppression du démon peut se retrouver à poser des actes qu'elle n'aimerait pas commettre. Toutefois, cela ne relève plus de sa propre responsabilité. Jésus peut libérer cet individu de l'emprise de l'esprit malin et lui apporter la liberté et la guérison intérieure.

Dans une telle situation, même si l'individu suit toutes les procédures médicales nécessaires, elle ne pourra sans doute pas se remettre totalement. Elle sera probablement mise en quarantaine, car son syndrome ne pourra plus être contrôlé. Il est possible que cette personne apprenne à vivre avec sa maladie, mais comme on dit souvent, « le démon finit par refaire surface ». Cela peut entraîner une destruction complète d'une existence et de son entourage.

Il existe une solution qui fonctionne toujours : la délivrance avec la collaboration de la personne impliquée. L'esprit impur qui perturbe l'existence de cet individu doit être chassé de son quotidien, car au nom de Jésus tous les genoux fléchissent. Toutefois, cela n'aboutira que si la personne est volontaire et qu'elle accepte de se soumettre à ce processus. La délivrance dépend donc de la foi, de la volonté, de la liberté individuelle, de l'engagement et de la coopération volontaire, sans aucune contrainte.

Les esprits impurs ne peuvent dégager de votre vie qu'avec votre détermination et votre collaboration.

« Car Jésus lui disait : sors de cet homme, esprit impur ! ... Et les esprits impurs sortirent. » (Marc 5 : 8 et 13)

Comme Jésus l'a ordonné à l'esprit de sortir de cet homme possédé, nous avons également reçu le même pouvoir. En effet, il a dit : « Voici les miracles qui accompagneront ceux qui auront cru, en mon nom, ils chasseront des démons, ils parleront de nouvelles langues, etc. » (Marc 16 : 17-18). Jésus a démontré ce pouvoir à plusieurs reprises, comme lorsqu'il a libéré un garçon épileptique en disant :

« ... Esprit muet et sourd, je te l'ordonne, sors de cet enfant, et n'y rentre plus. » (Marc 9 : 25)

Ainsi, Jésus enseigne que la médecine n'a pas pu apporter de réponse à ce jeune garçon qui souffrait depuis son enfance, car le problème auquel il faisait face n'était pas uniquement physique, mais aussi spirituel. Aucune connaissance humaine ou même de l'argent n'aurait pu lui fournir une solution concrète pour sa liberté. Seul Jésus avait le pouvoir de chasser l'esprit malin qui le tourmentait et de restaurer sa santé mentale et spirituelle.

Il est essentiel de souligner que la délivrance à elle seule est insuffisante, car elle ne constitue que la première étape. En effet, lorsqu'on expulse un démon, si celui-ci ne trouve pas de repos, il finira par revenir. S'il trouve la demeure vide, il appelle ses compagnons plus coriaces pour revenir avec eux, et la condition de l'individu sera pire qu'avant. Le principe est simple : quand l'esprit impur sort, il faut remplir sa vie avec Jésus, l'aimer, lire la Bible et prier sans cesse. C'est ainsi que le pouvoir de l'entité maléfique sera vaincu et que la personne sera libérée de tout joug spirituel.

Si dans votre famille, vous avez remarqué ce type de comportement et vous en venez à conclure que même la médecine n'a pas pu aider cet individu. Et que cela fait des années que vous recherchez une solution sans succès, il est temps de considérer la délivrance. Jésus-Christ est capable de restaurer la vie à cette personne persécutée par des esprits impurs. Maintenant, l'heure est venue de se lever et de refuser d'être le souffre-douleur des démons. C'est le moment de demander à Jésus de vous libérer de toute oppression spirituelle et de remplir votre existence avec sa présence et son amour. Alors, vous découvrirez la plénitude de vie et de liberté que seul Jésus peut vous offrir.

Il est important de se rappeler que lorsque l'homme possédé a rencontré Jésus, son histoire a été complètement réécrite. Il a été en mesure de vivre une épopée normale comme tout le monde. Il a été capable de manger ce qu'il voulait, de sortir quand il le souhaitait, de profiter de sa famille et de fréquenter de nouvelles personnes. Il a pu se rendre à l'école et être sûr de rester seul sans se faire du mal. La solution n'est pas de se donner la mort ou d'abandonner, mais de chercher et de recevoir la libération et la guérison que Jésus offre. Il est important de maintenir l'espoir et d'aller de l'avant dans la foi, la confiance en Jésus et la prière constante.

J'avais un oncle qui avait des tendances autodestructrices. Lorsqu'il était dans cette situation, personne ne pouvait le retenir. Il serrait les dents, se battait et pouvait même cogner sa tête contre le mur s'il n'y avait personne pour l'en empêcher. Des marques de lacération ont été constatées sur son corps, donnant l'impression qu'il avait été fouetté avec des fils barbelés. S'il se trouvait dehors à ce moment-là, il prenait la fuite et restait caché dans la forêt pendant des jours. À cette époque, je n'avais pas encore croisé Jésus, donc nous avons essayé de l'aider avec des marabouts, mais sans succès réel. Lorsque ma famille et moi avons rencontré le Seigneur, nous sommes allés dans ce village en compagnie de deux prophètes qui ont prié pour lui. Comme l'homme possédé de Gadara, il était tourmenté par des anges déchus. Finalement, après avoir reçu la prière et la délivrance, il a été libéré de toute oppression.

Je tiens à raconter cette histoire pour vous expliquer qu'il y a des cas que le médicament ne peut pas soigner. Si la maladie ou le trouble est lié au corps physique, alors les médecins peuvent aider, mais s'il s'agit de l'âme ou de l'esprit, ils ne peuvent rien faire. Toutefois, la rencontre avec le Seigneur est capable de tout changer. Comme mon oncle, sa délivrance ne pouvait être obtenue que par la prière et la présence de Jésus dans sa vie. La foi en Jésus et la prière peuvent briser les chaînes de l'oppression spirituelle et apporter la guérison et la liberté à ceux qui sont affectés.

Si vous vous posez encore la question, n'hésitez pas à prendre la décision de recevoir Jésus comme Seigneur et Sauveur de votre vie personnelle, qui viendra habiter dans votre cœur et vous redonnera la joie de vivre. En faisant cela, vous transférez votre problème à Jésus au pied de la croix. Il est capable de vous transformer et de vous accorder la liberté que vous recherchez. Ne laissez pas la situation actuelle vous abattre, mais demandez à Jésus de vous accompagner sur votre chemin et de vous aider à surmonter chaque obstacle.

La violation de la loi de Dieu dans la société

« Le salaire du péché c'est la mort, mais le don gratuit de Dieu c'est la vie éternelle. » (Romain 6 : 23)

Notre société est souvent mal à l'aise lorsqu'il est question de péché. Parfois, aborder ce sujet peut être interprété comme une violation des droits de l'homme. Cette société banalise quelquefois ce qui relève de la transgression, sans réaliser que cela peut entraîner la destruction de nos villes et de nos belles cités. L'offense a des conséquences sur nos vies et sur notre environnement.

Le péché vient du mot grec *« hamartano »*, qui signifie « manquer le chemin de la droiture et de l'honneur » ou « faire le mal ». En d'autres termes, c'est s'éloigner de la loi de Dieu et violer systématiquement ses commandements. Nous devons comprendre que Dieu a établi des lois morales pour nous guider dans notre vie. Cependant, nous sommes tous enclins à perpétrer des erreurs et à succomber à la tentation, ce qui peut nous amener à transgresser ces lois. Mais grâce à la mort et à la résurrection de Jésus-Christ, nous sommes pardonnés de nos fautes lorsque nous nous repentons et que nous nous tournons vers Dieu.

Lorsque nous commettons des vices, que ce soit en toute connaissance de cause ou inconsciemment, nous attirons la mort sur nous. Cette mort n'est pas juste physique, mais peut également prendre l'aspect d'une maladie ou diverse forme de détérioration qui peut mener à l'autodestruction. Tous les péchés sont punissables d'après de Dieu, et ne doivent pas être banalisés sous prétexte qu'ils ne sont pas aussi « graves » que d'autres. En effet, l'adultère et la divination ont la même importance à ses yeux, tout comme les autres péchés. Nous devons donc poursuivre la droiture et l'honneur dans nos actions, et chercher à vivre selon les principes de Dieu qui nous guideront vers une vie saine et équilibrée.

La consommation de drogue, d'amphétamines, de LSD, de cocaïne, la pornographie, la masturbation, les déviances sexuelles, la colère, la jalousie, la haine, la convoitise et toutes les choses similaires ne font qu'entraîner notre propre destruction. Bien que ces choses puissent nous procurer une satisfaction fugace, leur impact sur notre histoire est en réalité dévastateur. Ils constituent une forme subtile de destruction de notre existence.

N'oubliez pas que votre corps est le temple du Saint-Esprit. Si nous détruisons notre corps par nos choix de vie et nos actes, nous pouvons être sûrs que Dieu le fera également. Nous devons donc traiter notre corps avec respect et dignité, en prenant soin de notre santé mentale, physique et spirituelle.

« Ne savez-vous pas que vous êtes le temple de Dieu, et que l'Esprit de Dieu habite en vous ? Si quelqu'un détruit le temple de Dieu, Dieu le détruira ; car le temple de Dieu est saint, et c'est ce que vous êtes. » (1Corinthiens 3 : 16-17)

Dieu accorde un grand prestige à l'Esprit qu'il vous a donné et jugera même la façon dont vous avez entretenu votre corps, qui sert de maison pour cet Esprit. Vous pourriez penser que votre corps vous appartient et que vous pouvez en faire ce que vous voulez. En réalité, ce corps n'est qu'un lieu de résidence temporaire que vous finirez par quitter. Pour cette raison, il est important de prendre soin de votre corps en vivant axée sur la sainteté, car nous sommes appelés à être sans tâches comme notre Dieu est saint. Demeurer dans la vertu est un processus qui dure toute une vie et ne se limite pas à une soirée. Gardons cela à l'esprit.

La jalousie peut-elle conduire à la mort ?

« Les femmes qui chantaient se répondaient les unes aux autres, et disaient : Saül a frappé ses mille, — et David ses dix-mille. Saül fut très irrité, et cela lui déplut. Il dit : on en donne dix-mille à David, et c'est à moi que l'on donne les mille ! Il ne lui manque plus que la royauté. Et Saül regarda David d'un mauvais œil, à partir de ce jour et dans la suite. » (1Samuel 18 : 7-9)

La jalousie est définie par le terme grec *« zelos »,* qui signifie *« zèle amer »*. C'est un état d'agitation mentale qui entraîne de la férocité et de l'indignation. En termes simples, la jalousie est un zèle amer dirigé vers un individu ou un objet. Le zèle âcre est une émotion négative intense envers ou contre une personne ou une chose, qui brûle comme une flamme à l'intérieur de nous.

La jalousie peut engendrer des sentiments de peur, d'humiliation et de colère. Ces caractéristiques sont toutes les conséquences de cette dernière. Lorsque vous éprouvez un zèle aigre envers une personne, vous pouvez avoir une sensation de froid, un nœud dans l'estomac et une oppression sur la poitrine, qui sont des réactions assez courantes à la jalousie.

L'histoire de David et de Saül illustre bien cette notion. Lorsque les femmes ont chanté le cantique « Saül a frappé ses mille, et David ses dix-mille », cela a très probablement déclenché une forte jalousie chez le roi. Il a dû ressentir de l'humiliation face aux exploits du chantre, qui n'était qu'un simple berger à la base. Cet événement a suscité un zèle amer qui a ensuite grandi en lui pour se transformer en jalousie. La jalousie maladive de Saül a engendré un feu négatif qui a brûlé en lui, affectant sa relation avec David et portant ses fruits les plus amers.

« Saül fut très irrité et cela lui déplut. Il dit : on en donne dix mille à David, et c'est à moi que l'on donne les milles ! Il ne lui manque plus que la royauté. » (1 Samuel 18 : 8)

Le cœur de Saül était rempli d'une irritation sans précédent. Une sensation de colère intense l'a conduit à essayer initialement de prendre la vie de David à trois reprises, comme il est relaté dans les passages suivants :

« Saül leva sa lance, disant en lui-même : Je frapperai David contre la paroi. Mais David se détourna de lui deux fois. » (1 Samuel 18 : 11)

« Saül parla à Jonathan, son fils, et à tous les serviteurs, de faire mourir David. Mais Jonathan, fils de Saül, qui avait une grande affection pour David. » (1 Samuel 19 : 1)

Ainsi, à la quatrième tentative, il a envoyé David combattre les Philistins avec l'espoir qu'il y mourait. L'élévation de la notoriété de David devait sans aucun doute susciter chez Saül un sentiment de crainte pour son trône. Le roi Saül a connu une fin tragique, il s'est jeté sur son épée sur le mont Guilboa et ses ennemis ont tranché sa tête.

La leçon principale que nous pouvons tirer de cette histoire est que la jalousie envers nos proches peut nous détruire. Si nous nous laissons envelopper par des sentiments de peur, d'humiliation et de colère, cela peut nous conduire à des situations extrêmes, voire à la mort comme cela est arrivé à Saül. Il est important de travailler sur nos émotions et de ne pas laisser la jalousie prendre le dessus sur notre vie. Nous devrions plutôt nous concentrer sur la relation que nous avons avec les autres et nous soutenir mutuellement pour dépasser nos différences.

L'autodestruction dans ce cas se manifeste par la perte de l'estime de soi en réponse à la réussite des tierces personnes. La peur d'être remplacé par la concurrence, la honte ressentie en raison des réalisations extraordinaires de nos adversaires. Cependant, il est possible de surmonter tout cela, car le baromètre de notre vie ne devrait pas être les exploits accomplis par autrui. Nous avons tous des potentiels uniques et personne ne pourra exactement faire ce que nous sommes destinés à faire, même si Dieu s'est réservé des remplaçants : nous sommes uniques dans notre genre. Nous devrions plutôt nous concentrer sur notre propre parcours et travailler pour atteindre nos objectifs de manière authentique et personnelle, sans nous comparer aux autres.

Le baromètre de notre vie n'est pas l'exploit que réalisent les autres, mais notre détermination à accomplir ce pour quoi nous sommes sur la terre.

Le manque de pardon peut-il causer la maladie ?

Le pardon a une double connotation : celui que Dieu donne et celui que nous avons l'obligation d'accorder. Le pardon vient du mot grec ***aphesis*** comme étant une rémission des peines. C'est aussi annuler une dette : souvenez-vous du maître qui avait remis la dette de son serviteur (Mathieu 18 : 27). C'est un exemple de la rémission des arriérées dû à la compassion que ce maître avait pour son valet. Malheureusement, ce serviteur a oublié que la rémission des découverts se faisait dans les deux sens. On lui a remis ses charges, de son côté, il a également le devoir de remettre les dettes de son prochain. Ce qu'il n'a pas fait bien sûr. D'un autre côté, regardons le comportement de Jésus avec le paralytique.

*« Et voici, des gens, portant sur un lit un homme qui était paralytique, cherchaient à le faire entrer et à le placer sous ses regards…, devant Jésus. Voyant leur foi, Jésus dit : **Homme, tes péchés te sont pardonnés**… je te l'ordonne, dit-il au paralytique, lève-toi, prends ton lit, et va dans ta maison. »* (Luc 5 : 18-26)

En guérissant le paralytique, Jésus a démontré que l'offense était en réalité le véritable problème de cet homme, et non sa maladie physique. Après avoir absous ses fautes, il a ensuite ordonné au paralytique de se lever. Certains peuvent se demander pourquoi Jésus n'a pas simplement ordonné au paralytique, dès le début, de se lever. Cependant, le passage biblique ne nous enseigne pas sur le péché exact que cet homme avait commis, car cela n'est pas vraiment important. Ce qui doit être retenu, c'est que Jésus a accordé d'abord la clémence céleste à cet homme, puis a guéri sa maladie, qui était peut-être le résultat de ces péchés. Ainsi, le pardon et la guérison spirituelle étaient nécessaires pour permettre à la maladie physique de disparaître.

Le manque de pardon peut causer la maladie

Parler du pardon entre Dieu et les êtres humains, et du pardon entre les hommes est d'une importance capitale, car la miséricorde est un concept à double sens. Tout comme nous avons besoin d'être pardonnés, nous avons également le devoir de pardonner aux autres. Lorsque nous ne tolérons pas, nous risquons de laisser nos émotions négatives nous ronger et nous affecter sur le long terme. Cela peut se manifester sous la forme de maladies physiques ou mentales qui peuvent nous intoxiquer l'existence.

En fin de compte, l'indulgence est cruciale pour notre bien-être spirituel et matériel. Nous devons apprendre à nous libérer de nos blessures passées en excusant aux autres leurs fautes, même si cela peut être difficile. Cela nous permettra de guérir et de vivre plus sains et plus heureux.

Comment arriver à pardonner

Le pardon est souvent considéré comme un sujet difficile à aborder, car il touche à notre âme et peut rendre visibles nos blessures intérieures. Mais il est crucial de chercher la guérison et la libération de cette douleur, car elle peut devenir une prison émotionnelle. Prenons pour exemple Jésus-Christ sur la croix. Il a été capable de dire ces paroles, malgré le chagrin et l'injustice qu'il subissait :

« Père, pardonne-leur, car ils ne savent pas ce qu'ils font... » (Luc 23 : 34)

Il est éprouvant de comprendre comment Jésus a pu pardonner, même dans des conditions aussi difficiles que la crucifixion. Il est important de noter que ce sont les personnes qui ont voulu le couronner roi, qui l'ont condamné à mort. C'est l'amour de Jésus pour ses bourreaux qui lui a donné la force et la compassion de leur accorder son pardon. En fait, c'est cet amour qui l'a conduit à sacrifier sa vie pour nous. Comme on dit souvent, « celui qui aime donne ». Nous pouvons aussi parler de Judas, l'un des disciples de

Jésus, qui l'a trahi en le livrant aux autorités pour de l'argent. Malgré cette trahison, Jésus a pu lui pardonner et continuer de l'aimer. Ces exemples démontrent que le pardon peut être difficile, mais il est possible si et seulement si le Saint-Esprit dépose dans le cœur un amour entier pour les semblables.

Il est important de noter que quand Dieu pardonne, il oublie également nos transgressions et les efface complètement. Les êtres humains, quant à eux, n'agissent pas toujours de la même manière que Christ. Lorsque nous ne pardonnons pas aux autres, nous laissons une blessure dans notre cœur qui peut finir par s'infecter jusqu'à nous détruire. De plus, si nous renonçons à traiter cette blessure, elle peut se développer et se propager dans certaines parties de notre vie, entraînant des dommages et des souffrances supplémentaires. Comme dans un membre pourri du corps, l'amputation peut être la seule solution.

En effet, il est vrai que nous ne pouvons pas toujours oublier ce qui nous a été fait, car c'est souvent difficile en tant qu'être humain. Même si le temps peut aider à guérir certains traumatismes physiques, les chagrins affectifs prennent parfois plus de temps à cicatriser et ne se font pas tout seuls. Cependant, Jésus enseigne la nécessité de la clémence immédiate. Bien que cela puisse sembler impossible, c'est une étape importante dans le processus de guérison émotionnelle. Le pardon instantané n'implique pas forcément d'omettre ce qui nous a été fait, mais libérer notre cœur de la douleur et du ressentiment qui peuvent nous empêcher de nous épanouir.

En effet, il est crucial de remettre tout de suite les fautes, car nous ne savons pas quand Jésus reviendra. Ainsi, c'est impossible de le faire par ses propres moyens. Pour parvenir à la miséricorde complète, il est important de penser à ces personnes dans nos prières.

Nous devons prier pour elles chaque jour, comme s'il s'agissait de notre propre vie. Au début, nous pouvons éprouver des difficultés et de la réticence, mais cela est tout à fait normal. Avec un peu d'exercice et de persévérance, nous y arriverons, car c'est le Saint-Esprit qui travaille en nous, nous aidant à savoir quoi faire et comment faire. En agissant ainsi, nous nous efforçons plutôt à les aimer et à les comprendre, en les voyant à travers les yeux de Christ.

« Car c'est Dieu qui produit en vous le vouloir et le faire, selon son bon plaisir. » (Philippiens 2 : 13)

Il peut arriver que nous ayons des doutes quant à notre propre capacité à absoudre, croyez-moi, vous y parviendrez. Comment savoir si nous avons vraiment remis les fautes ou si nous cherchons simplement à nous rassurer ou nous tranquilliser ?

En pensant à ces personnes, vous pourrez déterminer si vous les avez véritablement excusées en constatant les sentiments qui s'élèvent en vous ainsi que la manière dont vous parlez d'elles. Ensuite, la rencontre avec elles, qu'elle soit volontaire ou non, pourra confirmer si vous avez sans doute pardonné en remarquant votre réaction et votre comportement en leur présence.

Pour savoir si vous avez bien sûr excusé les erreurs des autres, observez les émotions qui surgissent en vous, est-ce de la colère, de la haine ou de l'amour. Cela vous indiquera si vous avez réellement absous les fautes. Si vous êtes capable de ressentir de la compassion et de la miséricorde envers la personne qui vous a blessé, cela peut être un signe que vous avez véritablement pardonné.

Je peux comprendre que pour certains, remettre immédiatement les péchés peut sembler impossible. Selon les enseignements de Jésus, si quelqu'un a quelque chose contre nous, nous devons régler ce problème avant de présenter notre offrande à Dieu. Si nous retenons notre clémence envers les autres, cela peut nous empêcher de nous connecter avec Dieu de manière significative et affecter la qualité de notre relation avec lui.

« Si donc tu présentes ton offrande à l'autel, et que là tu te souviens que ton frère a quelque chose contre toi... » (Mathieu 5 : 23)

Il est possible de pardonner immédiatement parce que nous ne sommes pas seuls à agir, mais nous sommes portés dans cette lutte par la présence du Saint-Esprit en nous. En acceptant et en désirant pardonner, nous lançons le processus de guérison dans notre cœur. C'est alors que le Saint-Esprit peut travailler en nous pour nous aider à pardonner complètement. Cela nécessite toutefois notre pleine collaboration et notre sincérité.

L'esprit abattu dessèche les os

« Un cœur joyeux est un bon remède, mais un esprit abattu dessèche les os. » (Proverbes 17 : 22)

Les os sont essentiels pour notre corps, nous permettant de rester debout et d'effectuer de nombreuses tâches. La moelle osseuse, située dans le cœur des os, est une substance vitale qui diffère de la moelle épinière. Elle est responsable de la production de cellules souches hématopoïétiques particulières qui produisent les globules rouges et qui fournissent l'oxygène, les globules blancs qui combattent les infections et les plaquettes qui stoppent les saignements. Les cellules souches hématopoïétiques sont donc indispensables à notre survie.

Observez maintenant tout ce qui se passe au cœur de vos os quand la tristesse les dessèche. Lorsque les os sont flétris, les globules rouges qui transportent l'oxygène, les globules blancs qui protègent des contaminations, les plaquettes qui arrêtent les hémorragies ne pourront pas être fabriqués et vous pouvez imaginer les conséquences. À la suite de l'assèchement des ossements, vous avez de forte chance de succomber asphyxié et vos organes ne pourront plus recevoir de l'oxygène. Vous êtes exposés à toutes sortes de maladies qui pourraient à coup sûr vous conduire à la mort. Visualisez votre corps en train de saigner, incapable d'arrêter les saignements en cas d'absence d'ambulancier.

Un esprit abattu peut être la cause de la dessiccation des ossatures. Toutefois, selon la parole de Dieu, il existe un remède contre les effets dévastateurs de l'esprit accablé. Pour éviter de participer à sa propre destruction, il est recommandé de suivre les conseils suivants :

« Soyez toujours joyeux par le Saint-Esprit. » (1Thessaloniciens5 : 16)

La joie est un fruit qu'il faut laisser murir.

L'orgueil déstabilise une vie.

« ... Dieu résiste aux orgueilleux, mais il fait grâce aux humbles. » (Jacques 4 : 6).

La stratégie que Dieu utilise pour humilier l'homme peut être impressionnante. En effet, celui qui cherche à s'élever pour sa propre gloire sera automatiquement abaissé par Dieu.

L'histoire de Nebukadonozor, un grand roi du royaume de Babylone, est fascinante. À l'époque, Babylone était la première puissance mondiale avec une domination s'étendant aux extrémités de la terre. Le fait d'être un dirigeant d'un important royaume peut conduire à devenir orgueilleux. Et c'est ce qui est arrivé à notre fameux chef. Au cœur du récit se trouve un songe que le roi a fait, qui lui était directement adressé, sans qu'il en ait conscience au départ.

Le monarque, connaissant la sagesse de Daniel, a décidé de le faire venir pour qu'il puisse lui donner l'explication de son rêve. Conformément à la demande du roi, Daniel lui a expliqué que s'il ne changeait pas ses comportements, son royaume et tout ce qu'il possédait lui seraient enlevés.

« ... on te chassera du milieu des hommes, tu auras ta demeure avec les bêtes des champs, et l'on te donnera comme aux bœufs de l'herbe à manger ; tu seras trempé de la rosée du ciel, et sept temps passeront sur toi, jusqu'à ce que tu saches que le Très-Haut domine sur le règne des hommes et qu'il le donne à qui il lui plait... » (Daniel 4 : 19-27)

Malheureusement, le roi n'a pas pris les avertissements de Daniel au sérieux. Quelques jours plus tard, le songe du roi s'est réalisé alors qu'il faisait une déclaration hautaine.

« N'est-ce pas ici Babylone la grande, que j'ai bâtie comme résidence royale, par la puissance de ma force et pour la gloire de ma magnificence ? » (Daniel 4 : 30)

Le roi avait à peine fini de parler avec orgueil, que la prophétie s'était déjà réalisée.

Après avoir passé sept longues années à errer dans la forêt tel un animal sauvage, Nebukadonozor a finalement appris la leçon d'humilité que Dieu souhaitait lui transmettre. La raison pour laquelle il est intéressant de parler du roi de Babylone est qu'il avait une haute estime de lui-même, de ses accomplissements et de son statut de célébrité mondiale. La morale de l'histoire est que la leçon de modestie peut nous coûter beaucoup, y compris notre vie ou notre rang. Dans le cas du monarque, il a perdu uniquement sa position, mais lorsque nous ne sommes pas modestes, la gloire et le succès sont éloignés de nous et la chute peut rapidement se produire.

En effet, il est peu probable qu'un alpiniste qui chute d'une hauteur de 3000 mètres d'escalade puisse survivre à l'atterrissage. Telle est la vie d'une personne hautaine et orgueilleuse que Dieu humilie. Le déclin est souvent brutal et les conséquences peuvent être désastreuses.

Celui qui est susceptible d'aller très haut est celui qui reste modeste et humble

La débauche vous débauche

Il ne s'agit pas de l'embauche ou de la débauche dans un emploi, mais plutôt du deuxième sens de ce terme. Parcourons ainsi trois notions qui découlent de la débauche.

S'enivrer d'alcool

« Ne vous enivrer pas de vin c'est de la débauche. Soyez, au contraire, remplis de l'esprit. » (Éphésiens 5 : 18)

Certaines personnes peuvent se poser la question de savoir si les chrétiens ont le droit de boire du vin. Sur ce sujet, il n'y a pas vraiment d'interdiction dans la Bible. En effet, Jésus lui-même a participé aux noces de Cana où il a transformé l'eau en vin. Par conséquent, boire du vin en soi n'est pas un péché. Cependant, l'abus d'alcool et l'ivresse sont considérés comme de la débauche. La Bible met également en garde contre l'ébriété et exhorte les croyants à la prudence et à la modération lorsqu'ils boivent du vin ou toute autre forme d'alcool.

« ... *Les ivrognes n'hériteront pas le royaume de Dieu...* » (1 Corinthiens 6 : 10)

Le mot « *enivrer* » vient de la racine « *ivre* » qui signifie « ***caba*** » en hébreu, c'est-à-dire « boire abondamment » ou « absorber une grande quantité ». L'ébriété résulte donc d'une consommation excessive d'alcool qui peut entraîner une intoxication alcoolique aigüe et avoir des conséquences graves telles qu'un coma, un arrêt respiratoire ou cardiaque. Dans les cas extrêmes, cela peut mener à la mort.

C'est pour cette raison qu'il est crucial de s'abstenir de s'enivrer avec du vin ou toute autre forme d'alcool. L'apôtre Paul encourage à s'enivrer plutôt du Saint-Esprit, car cela ne fera pas de mal au corps humain et permettra au chrétien de vivre selon les principes bibliques.

« *Noé commença à cultiver la terre, et planta de la vigne. **Il but du vin**, s'enivra, et se **découvrit au milieu de sa tente**. Cham, père de Canaan, vit la nudité de son père, et il le **rapporta dehors à ses deux frères**...* » (Genèse 9 : 20-22)

S'enivrer d'alcool peut conduire à un comportement semblable à celui de Noé. Il est possible que Noé ait bu du vin de manière excessive pour essayer d'oublier ses ennuis. En réalité, Noé en devenant sobre n'a pas vu ses problèmes disparaître le matin. Boire pour enterrer ses soucis est une solution à court terme qui est trompeuse, car les préoccupations ne disparaîtront pas miraculeusement.

Une consommation exagérée et régulière d'alcool peut altérer vos capacités cognitives et affecter votre foie. Il est donc important de ne pas s'enivrer de vin. Si vous avez des difficultés à cesser cette habitude, il est conseillé de demander l'aide de professionnels et surtout de faire appel au Seigneur Jésus, le médecin suprême qui pourra vous conseiller et vous aider grâce à son Esprit.

Salomon a exposé ses réflexions sur l'abus d'alcool et voici ce qu'il en a conclu :

« Le vin est moqueur, les boissons fortes sont tumultueuses ; quiconque en fait excès n'est pas sage. » (Proverbe 20 : 1)

Selon le roi, le fait de boire excessivement du vin est une preuve de manque de sagesse. Souvenons-nous de la conversation entre Jésus-Christ et la femme samaritaine.

« Jésus lui répondit : quiconque boit de cette eau aura encore soif ; mais celui qui boira de l'eau que je lui donnerai n'aura jamais soif, et l'eau que je lui donnerai deviendra en lui une source d'eau qui jaillira jusque dans la vie éternelle. La femme lui dit : Seigneur, donne-moi cette eau, afin que je n'aie plus soif, et que je ne vienne plus puiser ici. » (Jean 14 : 13-15)

Comme la femme samaritaine, vous recherchez probablement quelque chose pour vous désaltérer. Cependant, Jésus-Christ vous offre une autre solution : si vous acceptez de boire l'eau qu'il vous propose, vous n'aurez plus jamais soif, en d'autres termes, vous ne serez plus esclave de l'alcool. Il vous invite à suivre l'exemple de la femme samaritaine et à vous tourner vers Lui pour vous abreuver de l'eau-de-vie.

L'abus d'alcool peut endommager les merveilleuses cellules que

Dieu a créées dans notre corps. Nous devons nous rappeler que nous sommes le temple du Saint-Esprit. Lorsque nous acceptons de recevoir Dieu dans notre vie, nous nous engageons à prendre soin de notre corps et à vivre selon ses principes.

« ... nous viendrons à lui, et nous ferons notre demeure chez lui. » (Jean 14 : 23)

Manger en trop grande quantité

*« ..., les **excès de table**, et les choses semblables. Je vous dis d'avance, comme je l'ai déjà dit, que ceux qui commettent de telles choses n'hériteront point le royaume de Dieu. »* (Galates 5 : 21)

Manger de façon démesurée est ce que la Bible appelle « excès de table » ou gloutonnerie. Dans notre société, certaines personnes souffrent de troubles du comportement alimentaire tels que la boulimie et l'hyperphagie, qui ne sont pas toujours volontaires, mais qui demeurent des habitudes destructrices.

L'hyperphagie est une anomalie alimentaire caractérisée par une suralimentation compulsive due à un besoin de manger incontrôlable. La boulimie, quant à elle, se manifeste par une envie irrépressible de manger rapidement et en grande quantité.

Des rapports sexuels déraisonnables.

Un exemple très marquant dans la Bible est la dépravation qui s'est manifestée à Sodome et Gomorrhe. Ces villes portent en hébreu le sens de *« submersion »*.

Sodome était une cité située probablement dans l'actuelle Jordanie. Pendant longtemps, l'histoire de la destruction de Sodome et Gomorrhe a été considérée comme un mythe de l'Antiquité ou une légende biblique au caractère moralisant. Les premières tentatives de localisation de ces cités de l'âge de Pierre ont souvent échoué, car les causes réelles de leur dévastation, pourtant précisées dans les Écritures, n'ont pas été correctement prises en compte.

« Lot sortit, et parla à ses gendres qui avaient pris ses filles : Levez-vous, dit-il, sortez de ce lieu ; car l'Éternel va détruire la ville. Mais, aux yeux de ses gendres, il parut plaisanter. » (Genèse 19 : 14)

Lors de ses visites dans la région du sud-est de la mer Morte en 1929 et 1934, le géologue américain Frederik G. Clapp (1879-1944) a émis l'hypothèse que la pression provoquée par un séisme aurait expulsée du bitume et du soufre naturels dans l'air. Ces morceaux de goudron associés au soufre, également présent en abondance dans le sous-sol de la zone, seraient devenus de véritables bombes explosives incandescentes sous l'effet de la pression et au contact de l'air, incendiant ainsi les villes de Sodome et Gomorrhe.

« Dieu est alerté par le cri contre Sodome et Gomorrhe dont le péché est énorme. » (Genèse 18 : 20)

En effet, Dieu a alors décidé de détruire ces localités pour punir la population. Deux anges ont été envoyés pour vérifier si les faits étaient justes, et arrivés à la cité, ils ont été accueillis par Lot. Cependant, les habitants ont rapidement découvert que Lot avait logé des anges. Les résidents de la ville ont voulu avoir des relations sexuelles avec les anges qui étaient hébergés par Lot.

*« Où sont les hommes qui sont entrés chez toi cette nuit ? Fais-les sortir vers nous, pour que nous les **connaissions**. »* (Genèse 19 : 5)

La ville de Sodome et sa cité voisine Gomorrhe ont été détruites par le feu, car la débauche dont ils ont fait preuve a excité la colère de Dieu. Les plaisirs sexuels désorganisés peuvent sembler intéressants pour certains, mais ceux qui pratiquent la débauche ne pourront pas hériter du Royaume de Dieu.

La débauche conduit à la mort. La promiscuité a mené la ville de Sodome et Gomorrhe à la destruction.

Y a-t-il une solution à tout ceci ? Oui ! il y en a une

Il est possible que vous vous demandiez comment faire pour éviter de pécher. Vous avez peut-être un fort désir et une sincérité, mais vous ne savez pas quoi faire. Je tiens à souligner que tous les êtres humains pèchent d'une manière ou d'une autre. La solution pour fuir le péché n'est pas un miracle, mais demande de la sincérité, de l'endurance, du travail, de la persévérance et de la foi tout ceci couronné de grâce.

Naître de nouveau

Il est essentiel de comprendre que la repentance est une étape indispensable pour toute personne souhaitant rejoindre le Royaume de Dieu, devenir enfant de Dieu et accéder au salut. Il est important de noter que Dieu a accordé la prérogative de devenir enfants de Dieu à tous ceux qui l'ont reçu et qui croient en son nom.

« Mais à tous ceux qui l'ont reçue, à ceux qui croient en son nom, elle a donné le pouvoir de devenir enfants de Dieu, lesquels sont nés… » (Jean 1 : 12)

C'est pourquoi, quiconque confessera le nom du Seigneur Jésus-Christ de sa bouche et croira dans son cœur que Dieu l'a ressuscité des morts sera sauvé.

« Si tu confesses de ta bouche le Seigneur Jésus, et si tu crois dans ton cœur que Dieu l'a ressuscité des morts, tu seras sauvé. » (Romain 10 : 9)

Celui qui prend conscience que depuis la désobéissance au jardin d'Eden, l'homme a perdu toute connexion avec Dieu doit croire en Jésus-Christ pour être sauvé. Confesser de la bouche permet d'aboutir au salut, tandis que croire du fond du cœur permet d'être justifié.

Les trois actes à poser selon Romain pour être sauvés sont les suivantes :

Confesser de sa bouche le nom du Seigneur Jésus Christ, le reconnaitre et le recevoir comme Seigneur et Sauveur de sa vie.

Croire que Dieu l'a ressuscité des morts. Il est essentiel de croire que Dieu a ressuscité Jésus des morts, car la foi est une assurance ferme des choses que nous espérons et une preuve de celles que nous ne voyons pas.

Se faire baptiser : une fois que vous avez accepté Jésus comme Seigneur et Sauveur, le Père et lui viennent habiter dans votre cœur par le Saint-Esprit. Grâce à la force de l'Esprit de Dieu, vous pouvez désormais résister au péché et vous éloigner de lui quand c'est nécessaire.

Crucifier la chair

Il est légitime de se demander pourquoi il est nécessaire de crucifier la chair, étant donné que nous sommes nés de nouveau et que le Saint-Esprit nous donne la capacité de résister au péché. En réalité, lorsque nous naissons de nouveau, c'est notre esprit qui est vivifié, car l'homme est constitué d'un corps, d'une âme et d'un esprit. L'âme, quant à elle, n'est pas renouvelée et peut donc être séduite et manipulée par des désirs. Pour cette raison, il est essentiel de crucifier la chair.

L'apôtre Paul évoque les œuvres de la chair, telles que l'impudicité, l'impureté, la dissolution, l'idolâtrie, la magie, la haine, les querelles, la jalousie, les animosités, les disputes, les divisions, les sectes, l'envie, l'ivrognerie et les excès de table. La première étape consiste à reconnaitre modestement que nous sommes sous l'emprise du péché.

Ensuite, il convient de demander à Dieu de vous libérer et de vous séparer de cette emprise du péché. Après avoir formulé cette prière, soyez prêt à affronter des épreuves. Si vous étiez prétentieux, par exemple, vous pourriez être confronté à une situation qui exige de l'humilité de votre part.

Lorsque cet examen surviendra, souvenez-vous qu'il n'est pas question de votre propre force ou de votre pouvoir personnel, mais c'est grâce au Saint-Esprit que vous êtes en mesure de surmonter cette épreuve. Une fois que vous avez passé ce test et que vous n'êtes plus sous l'emprise de l'orgueil ou de l'impureté, vous saurez que vous avez effectivement crucifié la chair et ses désirs.

Cependant, après avoir réussi le test, vous devrez continuer à prendre soin de votre âme pour ne pas retomber dans la tentation. Cela implique de maintenir une vie de prière, de méditation, de choisir attentivement ce que vous regardez et écoutez.

Cette partie du livre ne vise pas à dresser une liste complète de tous les péchés ni à les détailler tous. En revanche, elle a pour but de vous sensibiliser au fait que le péché détruit véritablement des destins. C'est une réalité difficile à accepter, mais une vérité indiscutable. Mener une vie de sanctification de nos jours est encore possible, cela nous protégera de la destruction et nous rendra prêts pour l'avènement de Jésus. Car comme Jésus l'a dit :

« Soyez donc parfaits, comme votre Père céleste est parfait. » (Mathieu 5 : 48)

Chapitre 3

L'ennemi invisible derrière l'autodestruction

Comme moi, il est possible que vous ayez été impuissant à agir lorsque vos proches se comportaient comme mon oncle. Vous avez peut-être seulement attendu que cela se calme. Tout comme mon oncle, qui avait des marques de fouet visibles sur son dos, vous pouvez également avoir assisté à la souffrance de vos compagnons.

Dans cette section, vous trouverez quelques éléments de réponse qui vous aideront à comprendre qu'il existe un ennemi invisible, celui que les gens ne voient généralement pas et qui travaille dans l'ombre. Le monde entier est sous la puissance du malin, et il faut être conscient de cette réalité. La question qui se pose donc est la suivante : qui est cet ennemi caché qui maltraite et fait souffrir certaines personnes dans le monde ?

« Soyez sobres, veillez. Votre adversaire, le diable, rôde comme un lion rugissant, cherchant qui il dévorera. » (1Pierre5 : 8)

En effet, il existe un monde visible et un monde invisible. Le diable et ses démons opèrent dans l'Univers dissimulé. Mon oncle et le possédé de Gadara ont tous été soumis à la domination du diable et de ses démons. Le diable est identifié comme le rival de l'humanité. Il rôde, cherchant qui dévorer. Malheureusement, les personnes qui tombent dans son piège sont opprimées, molestées et peuvent parfois manifester des signes d'autodestruction. C'est un indice que cette personne est dévorée par le diable.

L'apôtre Jean qualifie le diable comme un voleur, un assassin et un destructeur. En revanche, il existe une personne nommée Jésus qui est venue pour que nous ayons la vie, et que nous soyons dans l'abondance.

« Le voleur ne vient que pour dérober, égorger et détruire ; moi, je suis venu afin que les brebis aient la vie, et qu'elles soient dans l'abondance. » (Jean 10 : 10)

L'accusation pour saboter les destinées

L'expression « accuser » résulte du latin **« *accusare* »,** dérivé du mot **« *causa* »** qui exprime « cause ». Le mot « accuser » provient également du grec **« *egkaleo* »** qui signifie « s'avancer en accusateur », « apporter des charges contre », « appeler en justice ». Dans le jargon juridique, le terme « accuser » veut dire, poursuivre une personne devant la cour d'assises, après une décision de la chambre des mises en accusation, afin de la déclarer fautive du crime qui lui est imputé et d'obtenir sa condamnation. Les expressions « condamnation » et « coupable » sont fondamentaux dans cette définition. En justice, un individu qui a été déclaré responsable de tout délit est passible d'une sanction. Ainsi, l'accusation de Satan est fondée sur le fait que nous sommes coupables d'avoir commis des actes tels que la prostitution, le mensonge, le vol, le rejet, etc.

Sa manœuvre : Comment s'y prend-il ?

Le remords et la culpabilité peuvent souvent nous amener à perdre la foi en Dieu et à ne pas nous pardonner, ce qui est exactement ce que Satan veut. Il souhaite nous faire croire que nous sommes fautifs et indignes de l'amour et de la grâce de Dieu. C'est pourquoi il est essentiel de comprendre que le regret et la culpabilité qui nous paralysent sont des pièges de l'ennemi.

La voix accusatrice qui résonne dans nos têtes est une voie de mensonge, car la Bible le décrit comme étant un mythomane. Il essaie de nous leurrer en nous faisant croire que nos péchés sont plus grands que la grâce de Dieu, mais c'est une tromperie. Nous devons nous rappeler que Dieu nous a pardonné en Jésus-Christ et que nous ne sommes plus coupables de nos offenses. Nous devons donc rejeter les duplicités de Satan et choisir de croire en la vérité de la parole de Dieu qui nous offre une rémission complète et une grâce infinie.

Voici une sœur du nom de Sardinette qui s'est montrée très douée en réussissant ses diplômes en commerce international. Malheureusement, ses frères n'ont pas eu la chance de bénéficier de la même circonstance opportune. Alors, tout à coup, une voix commence à reprocher à la sœur Sardinette que c'était sa faute si ses frères et sœurs n'ont pas pu percer, lui faisant croire qu'elle ne méritait pas cette occasion favorable. Elle a donc accepté cela et vivait avec. Voici le frère Sardin qui vit dans le péché depuis un moment et il sent un cri de repentance monté en lui. Cependant, une voie lui dit que Dieu a trop de travail et qu'il ne pourra pas lui pardonner tout ce qu'il a fait et qu'il ne mérite pas la clémence de Dieu.

Comme l'illustrent les cas de la sœur Sardinette et du frère Sardin, il est crucial de ne pas se laisser convaincre par ces accusations fallacieuses, car il ne s'agit que de la voix de l'ennemi cherchant à semer la confusion et le découragement. Si vous êtes confronté à des pensées ou des paroles similaires, il est important de savoir que vous avez le pouvoir de faire taire cette voix en vous appuyant sur les vérités bibliques. Vous avez la prérogative de proclamer la vérité et de rejeter les mensonges de Satan.

Le Père du mensonge et la voie du menteur

« Vous avez pour père le diable, et vous voulez accomplir les désirs de votre père. Il a été meurtrier dès le commencement, et il ne se tient pas dans la vérité, parce qu'il n'y a pas de vérité en lui. Lorsqu'il profère le mensonge, il parle de son propre fonds ; car il est menteur et le père du mensonge. » (Jean 8 : 44)

Satan est connu comme le père du mensonge. Une personne qui a acquis une réputation de fausseté aura du mal à être plausible devant les autres, même si ce qu'elle dit est vrai. Cette réputation va se scotcher à elle, ce qui aura un impact sur sa crédibilité et sa capacité à inspirer confiance.

Les Écritures enseignent que Satan ne se tient pas dans la vérité, car il n'y a pas de véracité en lui. Comment pourrions-nous croire quelqu'un qui n'a pas de vérité en lui et qui a menti dès le commencement ? Tout ce qu'il dit est inspiré par lui-même et provient de son propre fond. En prenant conscience que cette voix intérieure qui vous accable est une menteuse, vous pouvez être libérés. Ne laissez jamais cette voix vous accuser, car maintenant que vous connaissez la vérité, vous êtes libres. La première étape consiste à prendre conscience de cette réalité.

L'accusation devant Dieu

« Et j'entendis dans le ciel une voix forte qui disait : maintenant le salut est arrivé, et la puissance, et le règne de notre Dieu, et l'autorité de son Christ ; car il a été précipité, l'accusateur de nos frères, celui qui les accusait devant notre Dieu jour et nuit. » (Apocalypse 12 : 10)

L'incrimination du Sacrificateur Josué

« Il me fit voir Josué, le souverain sacrificateur, debout devant l'ange de l'Éternel, et Satan qui se tenait à sa droite pour l'accuser. L'Éternel dit à Satan : que l'Éternel te réprime, Satan ! que l'Éternel te réprime, lui qui a choisi Jérusalem ! N'est-ce pas là un tison arraché du feu ? » (Zacharie 3 : 1-2)

Ce verset relate l'histoire du sacrificateur Josué qui revêtit des vêtements souillés. Les anges ont enlevé ces manteaux et l'ont couvert de linges propres, de belles tenues de fête. Sur sa tête se tenait un turban pur. Les habits sales représentaient les péchés de Josué. Malgré les accusations de Satan, Dieu a décidé de justifier Josué même s'il était vêtu des tuniques de péché.

Il se peut que votre conscience vous dise que Dieu ne vous pardonnera jamais ce que vous avez fait. Détrompez-vous, Dieu a effacé tout cela par le sang de Jésus. La seule exigence qu'il a faite à Josué était de garder et de mettre en pratique les paroles de la Loi pour avoir part à la couronne de vie. C'est ce que Dieu attend aussi de nous.

Imputation de Job

« Or, les fils de Dieu vinrent un jour se présenter devant l'Éternel, et Satan vint aussi au milieu d'eux se présenter devant l'Éternel. L'Éternel dit à Satan : D'où viens-tu ? Et Satan répondit à l'Éternel : de parcourir la terre et de m'y promener. L'Éternel dit à Satan : As-tu remarqué mon serviteur Job ? Il n'y a personne comme lui sur la terre ; c'est un homme intègre et droit, craignant Dieu, et se détournant du mal. Il demeure ferme dans son intégrité, et tu m'excites à le perdre sans motif. Et Satan répondit à l'Éternel : Peau pour peau ! tout ce que possède un homme, il le donne pour sa vie. Mais étends ta main, touche à ses os et à sa chair, et je suis sûr qu'il te maudit en face. L'Éternel dit à Satan : Voici, je te le livre : seulement, épargne sa vie. » (Job 2 : 1-6)

Les assemblées générales organisées par Dieu au ciel étaient accessibles à Satan, qui a saisi l'opportunité d'accuser Josué et Job. Malgré cela, Dieu avait un avis très favorable au sujet de Job, le qualifiant d'homme intègre et droit, craignait Dieu, restait ferme dans sa droiture tout en s'éloignant du mal. L'accusation portée par Satan contre Job ne produisit aucun effet, car son bon témoignage était clairement inscrit et visible dans le ciel. Il est essentiel de comprendre que seules les preuves positives à notre égard peuvent contrecarrer les fausses inculpations portées contre nous.

Il t'a accusé, Dieu te justifie

La conscience que nous possédons est la plateforme idéale pour que les accusations portées contre nous puissent avoir un impact dans notre vie. Elle est comparable à la Table de la loi, en ce sens qu'elle peut être gravée par des idées et des croyances.

En effet, notre conscience peut être chargée de reproches infondés et injustifiés. Parfois, ces accusations sont même justifiées, mais il est essentiel de se rappeler que Jésus nous a justifiés et que nous avons été acquittés par son sacrifice. Il faut tout de même se repentir lorsque nous offensons Dieu ou notre prochain, car cela demeure déterminant. Toutefois, il est important de noter que certaines inculpations injustes peuvent survenir à la suite de l'influence d'un démon, quand bien même qu'elles seraient vraies. Il est donc fondamental de rejeter ces pensées et de se souvenir que c'est le Saint-Esprit qui nous convainc de nos péchés et pas un homme ou un mauvais esprit.

L'objectif principal du diable est de nous faire souffrir, tandis que le Saint-Esprit a pour but de nous conduire vers la sainteté, la justice, l'amour, la joie, la paix, la bonté, la patience, la maîtrise de soi, etc. Une accusation qui nous fait endurer la souffrance en permanence ne peut pas venir du Saint-Esprit, car il ne souhaite pas nous blesser de manière continue. Après que nos péchés ont été lavés par le sang de Jésus Christ, Dieu ne se souvient plus d'eux et jamais ne tourmente notre conscience avec les fautes pour lesquelles nous avons été pardonnés.

Imaginons le cas d'une sœur prénommée Éventuelle qui a menti et a ensuite avoué la vérité, se repentant sincèrement de son acte, de son comportement et aussi de sa façon de penser. Le sang de Jésus la purifie immédiatement. Cependant, si malgré son remords, elle continue de se sentir coupable, c'est probablement à cause de l'œuvre de l'ennemi invisible dans sa conscience. L'adversaire utilise sa conscience pour l'accuser et la tourmenter, même si elle a été pardonnée.

Christ nous a justifiés par son sang.

« Qui accusera les élus de Dieu ? C'est Dieu qui justifie ! Qui les condamnera ? Christ est mort ; bien plus, il est ressuscité, il est à la droite de Dieu, et il intercède pour nous ! » (Romains 8 : 33-34)

Une fois que nous avons pris conscience de nos actes et que nous nous sommes repenties, la deuxième étape consiste à comprendre que Dieu nous a justifiés. Cette prise de conscience est importante, car personne ne peut nous justifier à part Dieu lui-même. La justification a été accordée grâce au sang de Jésus sur la croix de Golgotha. Être disculpé dénote que nous avons été rachetés et acquittés : nos dettes ont été remises. Nous sommes désormais déclarés innocents selon Dieu, ce qui signifie que personne ne pourra plus nous condamner.

Grâce au Saint-Esprit que le Père Tout-Puissant nous a donné, nous sommes rendus justes aux yeux de Dieu. Le Saint-Esprit nous convainc en permanence de la justice de Dieu. Ainsi, que nous ayons commis des injustices ou non, Dieu nous a justifiés et personne n'a plus le droit de nous accuser.

Cette justification accordée par Dieu est effective grâce à la mort et la résurrection de Christ. Il est maintenant assis à la droite de Dieu le Père et il intercède pour nous.

Le sang de Jésus a coulé comme monnaie pour nous racheter et nous laver de nos impuretés. Grâce à cela, nos consciences ont été purifiées des œuvres mortes et de la culpabilité associée.

« Combien plus le sang de Christ, qui, par un esprit éternel, s'est offert lui-même sans tache à Dieu, purifiera-t-il votre conscience des œuvres mortes, afin que vous serviez le Dieu vivant ! » (Hébreux 9 : 14)

Aux États-Unis, dans certains États, lorsque quelqu'un est condamné à la peine de mort, il a peu de chances d'être racheté ou justifié. Seule la grâce présidentielle peut épargner la vie du prisonnier et effacer les motifs de la punition, lui restituant sa liberté. De la même manière, quand Satan nous montre du doigt, Dieu nous justifie. Si vous êtes dans cette situation ou si vous connaissez des personnes qui le sont, sachez que Dieu nous a rendus justes.

Nous avons un avocat auprès du Père

« Mes petits-enfants, je vous écris ces choses, afin que vous ne péchiez point. Et si quelqu'un a péché, nous avons un avocat auprès du Père, Jésus-Christ le juste. » (1 Jean 2 : 1)

Tout comme un avocat défend son client devant la cour, le Christ intercède pour nous devant la cour céleste de justice jour et nuit afin que Satan ne puisse pas avoir de prise sur nous. Souvenez-vous de ce que Jésus a dit à Pierre : Satan vous a exigé pour vous transpercer comme du blé, mais j'ai prié pour vous.

« Le Seigneur dit : Simon, Simon, Satan vous a réclamés, pour vous cribler comme le froment. » (Luc 22 : 31)

Il n'y a plus de condamnation pour ceux qui sont en Jésus-Christ.

« Il n'y a donc maintenant aucune condamnation pour ceux qui sont en Jésus-Christ. » (Romain 8 : 1)

Quels que soient les crimes que nous avons commis, nous ne sommes plus coupables. Il est important de se rappeler que cette loi est applicable dans tous les domaines de la vie. Si nous laissons la loi de la mort et du péché prendre le dessus, cela affaiblit l'action de la loi de l'Esprit de vie.

Souvenez-vous que le châtiment qui nous donne la paix est tombé sur Jésus-Christ (Ésaïe 53 : 3). La punition qui aurait dû normalement être la nôtre s'est abattue sur Jésus-Christ.

Il est possible que vous ayez autrefois commis des fautes considérées comme impardonnables par les humains, et que l'accusateur utilise ces fautes contre vous. Toutefois, depuis que Christ est mort sur la croix, il n'y a plus de condamnation pour ceux qui sont en Christ.

Il t'a piégé et détruit, Dieu te reconstruit

Il y a plusieurs expressions qui peuvent se rapporter à la destruction : démolir, ruiner, anéantir, ôter la vie, égorger, tuer, discréditer, supprimer, etc.

Il est indéniable que l'homme est responsable de certaines choses qui arrivent dans le monde. Toutefois, il est important de savoir qu'il existe une entité qui est derrière certains actes, et il est essentiel d'en avoir conscience. Pour que la destruction soit effective dans votre vie, le diable place des pièges devant vous afin de vous attraper. S'il ne vous a pas capturé, il ne peut pas vous détruire. Autrement dit, s'il n'y a rien du prince de ce monde en vous, il n'a pas le pouvoir de molester votre vie. Examinons quelques embûches énumérées par les Saintes Écritures.

Le filet

Le filet est un outil utilisé pour attraper des poissons ou d'autres animaux aquatiques. Il est généralement fabriqué à partir de fils entrelacés pour créer un tissu mesh qui forme une poche. Le filet est en général exploité pour la pêche en mer ou en eau douce, mais peut également servir à capturer des volailles ou du gibier.

Dans la Bible, la nasse est souvent employée comme une illustration pour montrer comment Dieu capture ceux qui lui appartiennent ou pour représenter les traquenards tendus par le diable pour épingler les âmes des hommes. Par exemple, Jésus a dit à ses disciples qu'il ferait d'eux des pêcheurs d'hommes, faisant référence au fait qu'ils attireraient des âmes pour Dieu. D'un autre côté, le diable est aussi accusé de tendre des filets pour piéger les chrétiens et les inciter à pécher ou à abandonner leur foi.

Il est considéré dans le Psaume140 : 5 comme un guet-apens : *« Ils ont dressé des pièges pour moi et des filets ; ils ont tendu des embûches le long du chemin. »*.

Voici quelques types de filets dans la bible utilisés par nos ennemis :

- Les filets de la mort : *« Les liens du sépulcre m'avaient entouré, les **filets de la mort** m'avaient surpris »* (2 Samuel 22 : 6).
- Le filet des oiseleurs : *« Notre âme s'est échappée comme l'oiseau du **filet des oiseleurs**, le filet s'est rompu, et nous nous sommes échappés »* (Psaumes 124 : 7).
- Le filet fatal : *« L'homme ne connaît pas non plus son heure, pareil aux poissons qui sont pris au **filet fatal**, et aux oiseaux qui sont pris au piège... »* (Ecclésiaste 9 : 12).

Les liens

Dans les saintes Écritures, les liens peuvent également être considérés comme des pièges s'ils sont utilisés pour nous éloigner de Dieu et de sa volonté. Un lien peut être défini au même degré qu'un rapport ou une connexion entre deux personnes, deux choses ou deux idées. Il peut prendre plusieurs formes, par exemple une amitié, un lien familial, une relation professionnelle, un rapport romantique ou un rapprochement spirituel.

Quelques liens retrouvés dans la bible et leurs finalités.

Les liens de la mort : le psalmiste parle des liens de la mort qui peuvent environner des vies ou encore roder autour d'une existence (Psaumes 18 : 5). Dans les Psaumes 107 : 14, Dieu est capable de rompre les liens de la mort. Dans l'évangile de Jean, Jésus affirme qu'il est la résurrection et la vie, et que celui qui croit en lui, même s'il meurt, vivra. C'est une preuve de la puissance de Dieu et de sa capacité à nous amener de la mort à la vie.

Les liens du joug : selon Lévitique 26 : 13, Dieu est susceptible de les fracasser. Dans la Bible, la domination est souvent utilisée comme symbole de soumission ou de servitude. Les liens du joug représentent donc tous les types de contraintes ou de liens oppressifs qui peuvent nous empêcher de vivre pleinement notre vie ou de réaliser notre plein potentiel. La phrase « j'ai rompu les liens de votre joug » signifie que Dieu a libéré les israélites de l'oppression et de l'esclavage en brisant les chaînes qui pesaient sur eux. En affirmant _« je vous ai fait marcher la tête levée »_, Dieu exprime sa volonté de leur donner dignité et espérance.

Les liens de l'adversité selon Job 36 : 8. Ce verset est prononcé par Élihu, un des amis de Job, alors qu'il parle de la justice divine et de la sagesse de Dieu. La phrase _« si l'on est tenu captif par des liens, enchaîné par des cordes de tribulation »_ décrit la situation de quelqu'un qui est pris au piège ou opprimé par des circonstances difficiles. Les liens de l'adversité font référence aussi aux défis et aux épreuves auxquelles nous sommes confrontés dans la vie. Que ce soit une maladie, une perte, un échec, une trahison ou toute autre forme de difficulté, ces événements peuvent souvent créer des idylles qui nous retiennent et nous empêchent d'avancer. Cependant, les liens de l'adversité peuvent également nous aider à grandir et à devenir plus forts, en nous offrant l'opportunité de développer des qualités telles que la persévérance, la patience, la compassion et la confiance en Dieu.

Les chaînes : plusieurs versets dans les saintes Écritures parlent de chaînes à l'exemple de Pierre lié par les chaînes relatées dans Actes 12 : 6-7. Les chaînes sont souvent utilisées dans la Bible pour symboliser l'esclavage, la captivité ou l'emprisonnement. Dans l'Ancien Testament, les israélites ont parfois été capturés et asservis par d'autres nations, tandis que dans le Nouveau Testament, les apôtres et certains chrétiens ont été emprisonnés en raison de leur foi. Cependant, les chaînes peuvent également représenter les liens invisibles qui nous retiennent. Par exemple, nous pouvons être enchaînés par la peur, l'insécurité, la dépression, les maladies, le ressentiment ou des comportements qui nous empêchent d'être pleinement vivants.

Les liens du péché : les saintes Écritures font référence à l'emprise que le péché peut avoir sur nos vies. Le livre des Proverbes utilise l'image des « liens » pour décrire la manière dont les péchés peuvent nous attacher et nous tenir captifs. « *Les méchants sont pris dans les liens de leur propre péché, ils sont saisis par les cordes de leur propre faute* » (Proverbe 5 : 22). Méditez également le passage des Actes 8 : 23. Les « liens du péché » peuvent se manifester sous de nombreuses formes, notamment l'envie, la colère, la jalousie, l'égoïsme, la luxure et bien d'autres encore.

Les liens de l'alliance : évoquons ici quelques contextes de signification du lien de l'alliance. Dans l'Ancien Testament, les liens de l'alliance font référence aux engagements, aux promesses et aux obligations qui sont établis entre Dieu et son peuple. Ils sont également précisés dans le Nouveau Testament, où Jésus décrit le repas de la sainte cène avec ses disciples comme une nouvelle alliance dans Marc 14 : 24.

Les liens d'humanités ou d'amour : selon Osée11 : 4, l'amour de Dieu s'est révélé dans la façon dont il a guidé son peuple par les *liens d'humanité*, de *cordages d'amour* et de compassions divines.

Les liens peuvent être brûlés par le feu : la bible déclare dans le livre des Juges 15 : 14, que les cordes de Samson ont été brûlées par le feu : *« Lorsqu'il arriva à Léchi, les Philistins poussèrent des cris à sa rencontre. Alors l'esprit de l'Éternel le saisit. Les cordes qu'il avait aux bras devinrent comme du **lin brûlé par le feu**, et ses liens tombèrent de ses mains. »*. Si vous êtes pris dans les liens de maladie ou de pauvreté, Dieu est capable de les brûler et de vous rendre libre.

Les liens maintiennent captifs : selon le livre d'Ésaïe, il est possible de dénouer les liens de son cou : *« Secoue ta poussière, lève-toi, mets-toi sur ton séant, Jérusalem ! **Détache les liens de ton cou, captive, fille de Sion !** »* (Ésaïe 52 : 2). Le Père Céleste vous a donné la capacité de dénouer les liens de notre cou. Alors, levez-vous et faites-le.

Les liens maintiennent dans l'esclave ou dans la servitude : Dieu vous invite à vous séparer des liens de l'esclavage. *« Voici le jeûne auquel je prends plaisir : Détache les chaînes de la méchanceté,* *dénoue les liens de la servitude, renvoie libres les opprimés, et que l'on **rompe toute espèce de joug** »* (Ésaïe 58 : 6). Vous n'avez plus d'excuses dès à présent, la balle est dans votre camp.

Les fosses ou les trous

*« Les nations entendirent parler de lui, et il fut pris dans leur **fosse** ; elles l'amenèrent avec des crochets au pays d'Égypte. »* (Ézéchiel 19 : 4)

Le prophète Ézéchiel dépeint le prince d'Israël qui tombe entre les mains de ses ennemis. Dans les textes bibliques, il est souvent question de fosses et de trous comme un lieu de captivité, de danger ou de mort. Dans le Psaumes, l'auteur dit :

« Il m'a retiré de la fosse de destruction, du fond de la boue ; et il a dressé mes pieds sur le roc, il a affermi mes pas. » (Psaumes 40 : 3)

Dans d'autres contextes, les trous peuvent symboliser la difficulté ou l'adversité. Dans le livre de Job, il est décrit comme étant tombé dans un *« trou profond »* (Job 12 : 16) à la suite de ses épreuves et de ses malheurs. Parfois, même en étant prudent comme un serpent, on n'échappe pas aux gouffres dissimulés sous des herbes ou des cachettes. Une expression utilisée dans le jargon biblique est descendue dans la fosse selon le Psaumes 28 : 1.

Lorsqu'on se retrouve dans la cavité, il fait nuit. Si vous remarquez qu'à une saison de votre vie vous commencez à perdre le cap, posez-vous-la question de savoir si vous êtes bloqué dans la fausse. Les fosses sont également comparées à un réservoir, comme décrites dans Genèse 37 : 23-24. Ce passage relate l'histoire de Joseph jeté dans le puits par ses frères. Cette situation n'a pas mis la vie de Joseph en danger, car la citerne était vide. De même, Daniel a été jeté dans la fosse aux lions selon Daniel 6 : 7, et Dieu a miraculeusement préservé son destin en fermant la gueule des lions. L'objectif de ses ennemis en le jetant dans le grand trou était bien sûr de mettre fin à sa vie.

Dans votre parcours, il est possible que vous rencontriez des personnes ou des conditions qui cherchent à vous nuire ou à vous mettre en danger. Toutefois, rappelez-vous que Dieu est capable de garantir la sécurité de votre existence et de vous sauver, même dans les moments les plus sombres. Comme l'histoire de Daniel dans la Bible, Dieu peut fermer la bouche des lions pour protéger ses enfants. Gardez donc foi et confiance en lui pour traverser les épreuves de la vie.

Les prisons : Les cavernes et les cachots

La prison est une institution judiciaire destinée à accueillir les personnes condamnées par la justice pour avoir commis un délit ou un crime. D'un autre côté, quand on est dans la caverne c'est un signe qu'on est fugitif (Psaumes 57 : 1).

La question posée ici est la suivante : est-ce que nous avons perpétré une infraction grave pour être mis en détention par l'ennemi ? Pourquoi sommes-nous cachés dans des cavernes ? La Bible affirme qu'il n'y a plus de condamnation pour ceux qui sont en Jésus-Christ. Ainsi, même si nous avons commis des fautes, le sang de Jésus nous a lavés de tout péché. Décidez maintenant de sortir de toute forme de prison, que ce soit la maladie, la souffrance, la dépression ou la pauvreté. Vous avez le droit de vivre une existence de liberté.

*« Mais c'est un peuple pillé et pillant, tous sont en pièges, ils sont cachés dans des **trou**s, emprisonnés dans des **cachots** ; ils sont devenus des butins, et personne qui les délivre, des pillards et personne qui dise : restitue. »* (Ésaïe 42 : 22)

La caverne est aussi un symbole de mort, selon le livre de Genèse 50 : 13, on ensevelit dans la grotte. Jésus-Christ a été enseveli dans une grotte. Comme Jésus, il est possible que vous traversiez la saison ou le passage à la grotte, mais rassurez-vous, c'est un passage naturel vers la gloire et l'élévation. Jésus vous en sortira comme il l'a lui-même fait.

Il t'a dépouillé, Dieu te restaure

Le voleur ne vient que pour dérober.

Dans Genèse 1 : 8, Dieu a donné toute autorité à l'homme sur la terre. Toutefois, dans Genèse 3 : 1, ce dernier a désobéi à Dieu, et s'est alors fait séduire par le diable qui prétendait avoir reçu tout pouvoir sur les royaumes de la terre, comme cela est rapporté dans Luc 4 : 6. Ainsi, Adam et Ève ont remis la domination de la planète Terre à Satan en conséquence de sa désobéissance, laissant les humains devenir par la suite des esclaves du diable. Malheureusement, le diable utilise cette ignorance pour voler notre santé, notre joie, notre mariage, nos enfants, nos familles, etc.

Il vole la semence

« Car je connais les projets que j'ai formés sur vous, dit l'Éternel, projets de paix et non de malheur, afin de vous donner un avenir et de l'espérance. » (Jérémie 29 : 11)

Dieu a des plans uniques pour chaque personne, mais malheureusement, certaines perdent leur vie dans des addictions telles que la drogue, la pornographie, la masturbation, l'échec, l'adultère, les sectes pernicieuses, la sorcellerie, etc. Vivre dans cette situation signifie simplement que quelque chose nous a été volé : la semence. Lorsque le cultivateur sème des graines, c'est parce qu'il veut moissonner plus tard. De même, Dieu plante une semence dans notre histoire dans le but de récolter des fruits plus tard. C'est la raison pour laquelle le diable ne souhaite pas voir ces fruits se manifester et nous dérobe la semence en nous distrayant avec les choses de ce monde qui, à la fin, nous détruiront. La distraction est une vieille méthode utilisée par Satan pour nous faire passer à côté de ce que Dieu veut accomplir par Jésus-Christ dans notre vie.

Comment le malin vole-t-il la semence ?

Dans les écritures, la parabole du semeur relève les subtilités du malin. Voilà pourquoi dans le cas de la parole de Dieu, il est crucial de la comprendre. La distraction et la légèreté dans votre vie accordent une opportunité à l'ennemi de voler la graine que Dieu vous a donnée. La semence en effet qui pourrait être la voie par laquelle le Seigneur passe pour manifester votre bonheur.

*« Lorsqu'un homme écoute la parole du royaume et ne la comprend pas, **le malin vient et enlève ce qui a été semé** dans son cœur : cet*

homme est celui qui a reçu la semence le long du chemin. » (Mathieu 13 : 19)

Le restaurateur des années perdues

*« Et vous, enfants de Sion, soyez dans l'allégresse et réjouissez-vous en l'Éternel, votre Dieu, car il vous donnera la pluie en son temps, il vous enverra la pluie de la première et de l'arrière-saison, comme autrefois. Les aires se rempliront de blé, et les cuves regorgeront de moût et d'huile. Je **vous remplacerai les années** qu'ont **dévorées** la sauterelle, le jélek, le hasil et le gazam, ma grande armée que j'avais envoyée contre vous. **Vous mangerez et vous vous rassasierez**, et vous célébrerez le nom de l'Éternel, votre Dieu, qui aura fait pour vous des prodiges ; et **mon peuple ne sera plus jamais dans la confusion**. Et vous saurez que je suis au milieu d'Israël, que je suis l'Éternel, votre Dieu, et qu'il n'y en a point d'autre, et mon peuple ne sera plus jamais dans la confusion. »* (Joël 2 : 18-27)

Probablement, vous pensez que c'est trop tard pour vous, car vous avez dépassé la barre des 50 ans. Mais laissez-moi vous rassurer que Dieu est capable par Jésus de remplacer les années que vous avez perdus dans la drogue, la souffrance, la pauvreté et même dans la maladie. Le but de l'ennemi est de voler votre temps et vous distraire afin que vous vous focalisiez sur des choses éphémères.

La restitution à l'homme de l'autorité par Jésus-Christ

Après que Satan ait dérobé la domination qui appartenait à l'homme, Dieu l'a restituée en envoyant son fils Jésus pour que son sang rachète ce que le diable nous avait subtilisé. Ce que le premier

Adam a perdu a été remboursé par le deuxième Adam. Certainement, vous vous posez la question de savoir ce qui ne va pas dans votre vie, analysez-la et vous remarquerez que les choses ne sont plus les mêmes. Ce n'est pas que vous manquez de leadership dans votre entreprise, d'intelligence à l'école, ou de gestion dans votre couple, mais il y a simplement quelque chose qui vous a été volé.

Ce n'est ni votre voisin, ni votre collègue, ni votre camarade de classe qui est le problème, car nous ne combattons pas contre la chair et le sang, mais contre les puissances invisibles. Par conséquent, commencez à demander à Dieu dans la prière qu'il vous restitue ce qui a été pillé.

Chapitre 4

Décide maintenant de sortir de la destruction

Parfois, les problèmes que vous rencontrez ne sont pas causés par des personnes qui vous détestent ou des esprits impurs, mais tout simplement par vous-même. J'espère sincèrement que vous prendrez des mesures concrètes après avoir reçu ces clés pour vivre un destin où vous ne serez plus esclave des paroles que vous prononcez. Une existence où vous prendrez conscience que la vie et la mort sont au pouvoir de la langue. Vos paroles ont le pouvoir de changer votre histoire et celle de votre entourage si vous les utilisez correctement.

*« La **mort** et la vie sont au pouvoir de la langue ; quiconque l'aime en mangera les fruits. »* (Proverbes 18 : 21)

En effet, la partie corporelle qui concerne l'automutilation a également été abordée. Vous n'êtes peut-être pas concerné par cette seconde partie, mais pour ceux qui traversent cette situation, retenez une chose : Jésus est venu pour délivrer les captifs et vous avez le droit de vivre une vie de victoire et de liberté en Christ. Il vous a oint et vous a préparé à libérer les captifs.

*« L'esprit du Seigneur, l'Éternel, est sur moi, car l'Éternel m'a **oint** pour porter de bonnes nouvelles aux malheureux ; il m'a envoyé pour*

__guérir__ ceux qui ont le cœur brisé, pour proclamer aux captifs la __liberté__, et aux prisonniers la délivrance... » (Ésaïe 61 : 1)

Nous ne sommes pas contre la médecine ni les psychiatres, car ils accomplissent un travail extraordinaire dans notre ère et notre génération. Cependant, les problèmes de l'âme et de l'esprit nécessitent un traitement spirituel. Souvenez-vous que Dieu vous a conféré l'autorité de chasser les mauvais esprits, peu importe leur origine.

« Voici, je vous ai donné le pouvoir de marcher sur les serpents et les scorpions, et sur toute la puissance de l'ennemi ; et rien ne pourra vous nuire. » (Luc 10 : 19)

Si vous souffrez ou si vous avez des proches qui souffrent d'autodestruction, n'hésitez pas à chercher Jésus Christ, qui dispense la paix et la vie. Ce livre vous rappelle également que le péché a un effet dévastateur sur vous. En transgressant les prescriptions divines, vous vous anéantissez et, indirectement, vous pouvez briser ceux qui sont autour de vous. La chose la plus importante à faire et la première question à se poser lorsque l'on est en difficulté, c'est de savoir si nous y avons contribué. Il est crucial de se souvenir que les autres ne sont pas toujours la source de nos problèmes. Il est essentiel d'apprendre à s'évaluer et s'analyser soi-même en profondeur.

Pour bénéficier des privilèges de citoyen d'un pays, il faut appartenir à cet État. De même, être né de nouveau vous donne le statut d'enfant de Dieu. Car à tous ceux qui ont reçu et cru en son nom, Dieu leur a offert le pouvoir de devenir enfants de Dieu et d'hériter de ses bénédictions. Je vous invite donc à faire une prière de salut pour recevoir cet héritage en tant qu'enfant de Dieu.

Prière du salut

Si tu lis ceci, j'imagine que tu es arrivé à la fin. Tu as été convaincu de ce qui a été écrit et tu te dis comment faire pour pouvoir manifester cela, alors que je ne suis pas chrétien, tu es au bon endroit et tu te poses les bonnes questions. Pour bénéficier des privilèges d'une nation, il faut être citoyen de ce pays. De même, pour jouir des avantages du royaume, vous devez être un enfant de Dieu.

La prière du salut est semblable à une naturalisation quand on veut devenir citadin d'une nation. Lorsque vous effectuez la prière du salut, il y a un transfert qui se fait du royaume des ténèbres vers le royaume de Dieu et vous entrez dans la famille de Dieu. Dieu vous adopte et vous considère comme son enfant. Dieu vous rachète au moyen du sacrifice de Jésus-Christ à la croix par son sang. Le sang qu'il a versé est une rançon pour nous sauver.

C'est pour cela que je t'invite à faire cette prière du salut :

Seigneur Jésus, je reconnais que je suis un pécheur et que j'ai besoin de ton pardon. Je reconnais aussi que tu es mort sur la croix pour moi et pour mes fautes. Je te demande de venir habiter dans mon cœur, de pardonner mes péchés et de régner sur ma vie. Je te reçois maintenant dans mon cœur comme mon Seigneur et mon Sauveur. J'accepte aujourd'hui ton salut et ton sang parle pour ma vie. Conduis-moi sur le chemin de la vérité, car tu es la vérité. Je sais que tu me réserves une demeure dans le ciel avec toi. Merci Seigneur. Amen !!!

Bienvenue dans cette famille de Christ. N'hésitez plus, vivez la vie pour laquelle vous êtes sur la terre et occupez votre place dans la société. Vous êtes précieux aux de Dieu.

DU MÊME AUTEUR

Disponible sur

WWW.EDITIONOASIS.COM